Antonio Scaglioni

Francis Durbridge
e la RAI

Analisi di un fenomeno
in una RAI che non c'è più

– Williams & Whiting –

A Georg Pagitz,

Grazie infinite per il tuo supporto e la tua amicizia di cui mi onoro, Georg. Senza il tuo aiuto questo libro non avrebbe mai potuto esistere.

Indice

Premessa

Questo è il primo libro in Italia ad occuparsi specificamente di Francis Durbridge, un popolarissimo scrittore di nazionalità inglese che partito come sceneggiatore di programmi radiofonici alla BBC fin dalla prima metà degli anni '30 si è specializzato nel tempo in serial polizieschi scritti per la radio e successivamente per la televisione, fino a dedicarsi negli ultimi anni del secolo scorso e della sua vita all'attività di drammaturgo sempre nel campo del giallo. Durbridge ha goduto di molta popolarità anche da noi (oltre che in altri paesi, Germania in testa) soprattutto negli anni 60 e 70 dello scorso secolo, quando la RAI ha prodotto molti dei suoi serial, sia in TV che alla radio sempre con grande successo. Le circostanze e le ragioni di questo successo le esamineremo in dettaglio nelle pagine seguenti. Qui, voglio solo dire che se ho potuto ricostruire la storia "italiana" di Durbridge è stato soprattutto grazie al supporto del *Radiocorriere TV*, una guida ai palinsesti televisivi che oggi non esiste più (almeno in forma cartacea), ma che per settant'anni, dal 1925 fino al 1995, ha fornito con impegno costante un servizio insostituibile nell'informare gli ascoltatori, e poi i telespettatori, sui programmi trasmessi dall'emittente di stato sia negli anni del monopolio che nell'epoca successiva, quella della libera concorrenza, e che oggi su internet nel sito dedicato, ha messo a disposizione di tutti il suo intero archivio.

Ma molto merito deve essere attribuito anche a RAI Teche, e in particolare alla Dott.sa Angela Motta, responsabile di questa particolare sezione alla sede RAI di Firenze, a cui ho potuto sempre ricorrere per rimpinguare le mie conoscenze sui lavori prodotti in quegli anni lontani, accedendo tramite i loro computer a materiale televisivo e radiofonico altrimenti introvabile. Alla Dott.sa Motta va quindi tutta la mia gratitudine per la sua disponibilità e gentilezza.

I miei più sentiti ringraziamenti vanno anche a colui che è uno dei maggiori esperti europei dell'opera di Francis

Durbridge e del giallo in genere, il signor Georg Pagitz, *webmaster* del sito in lingua tedesca dedicato al poliziesco, *Die Krimihomepage,* che ha al suo interno la migliore e più completa sezione dedicata allo scrittore inglese, *Francis Durbridge Homepage,* che si possa trovare sul *web.*

Un ulteriore ringraziamento è doveroso farlo al signor Melvyn Barnes, l'autore della imprescindibile monografia *Francis Durbridge: The Complete Guide,* pubblicata (in inglese) da Williams & Whiting nel 2018, fonte inesauribile di informazioni sulle opere del nostro scrittore.

E a proposito di William & Whiting, come dimenticare Mike Linane, il curatore della più completa collezione di *script* originali, radiofonici, televisivi ed altro, firmati Francis Durbridge, che in questi ultimi due anni, in collaborazione con Nicholas Durbridge, il figlio dello scrittore, attraverso la succitata casa editrice, ha cercato con certosina pazienza, ritrovato e pubblicato, mettendolo a disposizione degli appassionati, materiale semplicemente impensabile? Grazie di cuore anche a te, Mike, per aver concretizzato ciò che fino a qualche tempo fa poteva sembrare solo un sogno.

Inglese, tedesco... e in italiano? Ecco, è proprio questo il punto. Come dicevo all'inizio, fino ad ora nel nostro paese nessuno si era mai interessato di Francis Durbridge tanto da dedicargli un saggio che ne esaminasse l'opera che pure anche da noi qualche decennio fa riscosse grandi consensi e un successo di pubblico ancora adesso con pochi rivali (due suoi serial televisivi dei primi anni settanta, *Come un uragano* e *Lungo il fiume e sull'acqua,* sono a tutt'oggi nella classifica delle dieci fiction più viste di sempre in Italia). Questo libro si pone appunto l'obiettivo di rimediare nel suo piccolo a questa lacuna.

Purtroppo, non tutto il materiale italiano tratto da Durbridge, come vedremo, è rintracciabile. Alcuni sceneggiati, sia televisivi che radiofonici, risultano attualmente perduti, e poche, se non nulle, sono ormai le speranze di ritrovarli. Tuttavia l'intervento di RAI Teche è stato determinante per la salvezza e la conservazione di un'enorme mole di programmi, molti dei quali sono già disponibili sul sito di Raiplay. Per il momento di Durbridge se ne contano solo tre, due sceneggiati tv e uno radiofonico (il solo in un'unica puntata che a quanto so sia mai stato prodotto in Italia), ma l'auspicio è che lentamente possano essere messi a disposizione tutti quelli rimasti (che sono comunque disponibili negli archivi RAI e, previa richiesta di appuntamento, consultabili direttamente sul computer di RAI Teche).

Invece, per gli appassionati collezionisti che vogliono possedere le cose che amano, ricordiamo che la RAI, tramite l'etichetta editoriale RAI-ERI, ha pubblicato negli ultimi decenni quasi tutto il Durbridge televisivo in preziosi cofanetti DVD. Di volta in volta vi informerò sui serial (o sceneggiati a puntate che dir si voglia) che sono disponibili in questa versione.

Tecnicamente i lavori di Durbridge, essendo stati scritti appositamente per la televisione o la radio, andrebbero definiti, come li chiamavano all'epoca, originali televisivi (o radiofonici), ma per non incorrere in equivoci, o in stucchevoli ripetizioni, dato che spesso nel testo uso la parola "originale" riferita ai copioni o alle trasmissioni inglesi da cui sono poi state tratte le versioni italiane, ho preferito utilizzare le definizioni serial o "sceneggiato", quest'ultima meno appropriata forse, ma da tutti più comprensibile.

Come tante altre trasmissioni, molti titoli di Durbridge sono stati scaricati anche su altre piattaforme internet, senza però il permesso della RAI. Di questi, io vi segnalerò solamente quei programmi, radiofonici o televisivi, che non sono mai stati commercializzati (e presumibilmente mai lo saranno), e che non sono rintracciabili facilmente da altre parti. Almeno fino a quando non verranno inclusi sul sito di Raiplay.

Un'ultima cosa prima di iniziare davvero. Vorrei tranquillizzare quelli che vivono nell'incubo degli *spoiler*: nonostante ogni sceneggiato qui presentato sia fornito di un riassunto della trama, ho cercato di evitare rivelazioni sui finali (con l'eccezione di un paio di occasioni, comunque ben segnalate perché possiate decidere se saltare quei paragrafi o meno).

E ora, buona lettura.

Prima parte: Gli sceneggiati televisivi

Introduzione

Nell'attuale mondo della televisione italiana, con canali satellitari, digitali terrestri, tematici, *on demand* e via *web*, con un pubblico che è ormai abituato a seguire quello che vuole, quando, dove e come vuole, un programma che raccoglie quattro o cinque milioni di spettatori è considerato un grandissimo successo, ma solo qualche decennio fa, in una televisione ancora in bianco e nero e dotata di appena due canali, c'erano trasmissioni che registravano ascolti tre o anche quattro volte superiori e che svuotavano le vie e le piazze, i locali notturni e i cinematografi nelle sere in cui andavano in onda. Di cosa si trattava? Del Festival di Sanremo? Dei Mondiali di Calcio? Della serata finale della Lotteria di Capodanno, o delle Olimpiadi? O magari di qualche quiz milionario? Nonostante tutti questi generi raccogliessero grandi consensi, le trasmissioni a cui mi riferisco nascevano dalla fervida mente di un signore di nazionalità inglese, la cui foto potrebbe sembrare più quella di un contabile che di un prolifico scrittore, e il cui nome oggi nel nostro paese è ricordato quasi esclusivamente da persone dai cinquanta in su, che in quelle sere di cui parlavamo si radunavano insieme ai genitori, ai nonni, fratelli e sorelle, cugini e zii, intorno all'apparecchio televisivo per seguire la nuova puntata di *La sciarpa*, *Paura per Janet*, *Melissa* e altri titoli che tra gli anni 60 e 70, fino a sfiorare il decennio successivo, tennero con il fiato sospeso per settimane milioni e milioni di spettatori. Il signore in questione si chiamava Francis Durbridge.

Nato in un paesino dello Yorkshire, Hull, nel 1912, Durbridge fu incoraggiato a darsi alla scrittura da un suo insegnante che ne scorse le potenzialità, e fin dall'inizio dimostrò una predilezione per le storie di crimine e mistero, (il suo modello era il famoso scrittore di *mysteries*, Edgar Wallace, "Se riuscissi a diventare bravo solo la metà di Wallace..." era solito ripetere), ma quando nel 1927 un dirigente della BBC ne scoprì le qualità, grazie ad un concorso scolastico, e lo assunse come sceneggiatore, i suoi primi incarichi furono scrivere *sketch* e brevi commedie per un programma destinato ai ragazzi, intitolato *The Children's Hour*.

Solo qualche anno dopo, nel 1934, poco più che ventenne, riuscì a scrivere e a far mandare in onda il suo primo radiodramma di genere poliziesco, *Murder in the Midlands*, cui seguì tre anni dopo *Murder in the Embassy*, entrambi della durata di circa un'ora.

Ma fu solo l'anno successivo, il 1938, a decretargli quel successo che finalmente lo avrebbe proiettato nell'olimpo del genere poliziesco, e cioè quando scrisse il suo primo serial, *Send for Paul Temple*, col quale creò la figura dello scrittore, criminologo e investigatore per diletto, che l'avrebbe reso famoso.

Per il trentennio successivo, Paul Temple, e la moglie Steve, avrebbero formato una delle coppie più inossidabili del giallo all'inglese, in una ventina di serial radiofonici, buona parte dei quali trasformati poi in romanzi, con la collaborazione di altri scrittori che si incaricavano di rendere letterariamente le storie di Durbridge, pur non comparendo mai in copertina con il loro nome.

Veri personaggi multimediali, Paul e Steve Temple, apparvero anche in brevi racconti scritti personalmente da Durbridge per quotidiani e riviste, in alcuni film, in un'opera teatrale (che lo stesso scrittore ricavò dai suoi primi due copioni radiofonici e che prese il titolo dal suo serial d'esordio, *Send for Paul Temple*) rappresentata a Londra nel 1943, e negli anni 50 in una striscia a fumetti per quotidiani durata un ventennio, divenendo infine tra il '69 e il '71, protagonisti di una serie televisiva, una coproduzione anglo-tedesca, interpretata da Francis Matthews e Ros Drinkwater, anche se nessuno dei 52 episodi della serie fu firmato da Durbridge. (Della serie tv parleremo più diffusamente nel capitolo in appendice a questo libro.)

Naturalmente in quella prima storia era ancora molto evidente l'influsso del suo modello ispiratore. Come ne *Il cerchio rosso* o *Il bandito invisibile*, due classici di Edgar Wallace, il *vilain*, il criminale dall'identità sconosciuta a capo di un'organizzazione altrettanto segreta, un segno distintivo di molti romanzi di Wallace che Durbridge erediterà e farà suo, proviene dal Sud Africa dove in anni lontani ha commesso inenarrabili delitti per poi sparire nel nulla e riapparire in tempi recenti a Londra dove ha ripreso con un nuovo nome o un nuovo pseudonimo la sua attività criminale fatta di rapine, omicidi e ricatti.

Ma in quel primo serial s'affacciava già anche quell'elemento che sarebbe poi divenuto caratteristico dei serial radiofonici e televisivi di Durbridge: il cosiddetto *cliffhanger*, il colpo di scena spiazzante, collocato a fine puntata, che lasciava gli ascoltatori sorpresi e smaniosi di tornare a sintonizzarsi la settimana dopo. Da quello più classico, la scoperta di un nuovo cadavere che accresce il mistero e allontana il momento in cui il misterioso criminale di turno verrà smascherato; a quello più insolito, la comparsa improvvisa di un personaggio o di un oggetto misterioso, spesso dall'aria innocua, che tornerà di continuo nella trama come un sinistro *leitmotiv*, assumendo connotati inquietanti proprio grazie a questa sua apparente innocuità (che si tratti di una professoressa in viaggio di studio, di un mite accordatore di pianoforti, di una cappelliera o di un metronomo).

Durbridge conobbe la popolarità come autore radiofonico (e lo vedremo nella seconda parte di questo libro), ma la sua fama venne incrementata in maniera decisiva con l'avvento della televisione. Dagli inizi degli anni 50 fino alla soglia degli anni 80, produsse una serie di copioni televisivi per la BBC che fecero il giro d'Europa, con un metodo insolito: non venivano, cioè, esportate e doppiate nelle varie lingue le versioni inglesi originali, ma ogni paese che acquistava i diritti di riproduzione delle storie di Durbridge, ne realizzava una propria versione, nella lingua e con attori del posto. In realtà, Durbridge era riuscito a strappare un contratto particolare ai vertici della BBC, secondo il quale manteneva i diritti sui propri copioni per la vendita all'estero, mentre l'emittente inglese ne aveva l'esclusiva solo sul territorio britannico e nei paesi del Commonwealth. In questo modo le varie televisioni nazionali si limitavano ad acquistare, come diremmo oggi, i *format* dei vari serial TV dal loro stesso autore per riprodurli poi con mezzi propri, adattandoli ai gusti del loro pubblico. Ecco la ragione per cui esistono versioni autoctone (tedesche, italiane, francesi ecc.) di *Melissa*, *La sciarpa*, *Un certo Harry Brent* e tante altre sue storie scritte per la TV, e perché queste hanno goduto di tanta popolarità anche all'estero.

1. *La sciarpa* (1963)

SCHEDA TECNICA
LA SCIARPA (1963)
(Secondo Programma TV) 11/03/1963 - 27/03/1963
Puntate 6
Attori principali: Aroldo Tieri, Franco Volpi, Liana Trouché, Roldano Lupi, Nando Gazzolo, Francesco Mulé
Regia: Guglielmo Morandi
Produzione originale BBC: *The Scarf* (1959)
Traduzione: Franca Cancogni

Nel nostro paese, il Durbridge televisivo arriva piuttosto in ritardo, nel 1963 con *La sciarpa* (*The Scarf*), il suo ottavo copione per la TV (anche se il suo nome non era del tutto sconosciuto agli appassionati italiani del giallo, visto che la RAI aveva già prodotto fin dal 1953, alcuni suoi lavori radiofonici), e arriva in un Italia che in quei primissimi anni 60 vedeva ancora relativamente poche famiglie in grado di potersi permettere l'acquisto di un apparecchio televisivo, che era ancora ritenuto eccessivamente oneroso. Per seguire le serate televisive, i più si radunavano nel bar sotto casa, o nel salotto di vicini e parenti, che spesso avevano acquistato il televisore a rate, oppure non sentendosi di sobbarcarsi un debito, avevano preferito noleggiarlo, pagando un'esigua cauzione iniziale, e facendolo poi funzionare a "gettone". Si trattava in pratica di inserire in un apposito contenitore posto sul retro dell'apparecchio una moneta da cento lire per ogni ora di utilizzo. Trascorsi i sessanta minuti previsti il televisore si spegneva automaticamente e per rimetterlo in funzione si dovevano inserire altre cento lire. Il contenitore era ovviamente sigillato e una volta al mese il noleggiatore passava ad aprirlo e a ritirare il denaro depositato.

Ma i vertici della tv di stato dell'epoca non avevano grande fiducia in un giallo a puntate. Non si poteva negare che le storie poliziesche raccogliessero ascolti notevoli ogni volta che venivano proposte, ma fino ad allora, sia che si trattasse di prodotti provenienti dall'estero (per esempio il popolarissimo telefilm *Perry Mason* con Raymond Burr, tratto dai romanzi di Erle Stanley Gardner) o autoctoni, come la serie *Aprite, polizia!*, la prima serie gialla in assoluto prodotta dalla RAI, nel 1958, per la regia di Daniele D'Anza (un regista di cui parleremo spesso), e precorritrice di tutte quelle che verranno nei decenni successivi in RAI o in Mediaset, dedicate a squadre o distretti di polizia, una regola non scritta ma rigorosamente osservata, fissava in 60 o al massimo 90 minuti, la durata classica di un film, il tempo che si riteneva ideale per tenere agganciata l'attenzione di uno spettatore medio ad una vicenda poliziesca. I paludati e un po' ingessati dirigenti RAI erano assai riluttanti a pensare che il pubblico televisivo sarebbe riuscito a mantenere la concentrazione e l'interesse su un mistero criminale per più di una serata.

Nemmeno il successo di una trasmissione come *Giallo Club*, una specie di gioco a quiz in cui ai concorrenti veniva proposto settimanalmente un enigma poliziesco a cui erano chiamati a dare una soluzione, prima che l'investigatore risolvesse il caso, li aveva convinti. (Per la cronaca, l'investigatore in questione era quel tenente Sheridan, interpretato da Ubaldo Lay, che negli anni a venire sarebbe diventato un pilastro, insieme al Maigret di Gino Cervi e al Nero Wolfe di Tino Buazzelli, del giallo televisivo targato RAI.) Questa formula mista di gioco e fiction, originalissima per l'epoca, con mini sceneggiati di 40 minuti circa, scritti da Mario Casacci, Alberto Ciambricco e Aldo Rossi che, per circa un anno e mezzo, tra il novembre del 1959 e l'aprile del 1961, calamitarono ogni settimana milioni di spettatori per ventiquattro episodi divisi in quattro cicli, non riuscì ad indurre i succitati dirigenti a porre maggior attenzione al genere poliziesco, convinti come erano forse della missione culturale a cui erano chiamati, e ritenendo il giallo un prodotto troppo effimero per spenderci tanto tempo e mezzi. A guardarla con gli occhi di oggi, una televisione moderna, dopo un successo come quello di *Giallo Club*, avrebbe prodotto almeno duecento episodi e non meno di dieci stagioni di una trasmissione tanto fortunata, ma quelli erano decisamente altri tempi, e il pubblico italiano dovette attendere altri due anni, perché al giallo fosse finalmente tributato uno spazio degno in prima serata, sul da poco nato Secondo Programma. L'onore di aprire quella che si sarebbe poi rivelata negli anni una proficua carrellata di successi fu proprio dello sceneggiato di Durbridge, *La sciarpa*, che esordì lunedì 11 marzo 1963, per concludersi mercoledì 28 dello stesso mese.

Ed ecco, grazie all'aiuto delle note illustrative, tratte dal *Radiocorriere TV* di quelle settimane (uniche testimonianze rimaste, vista l'irreperibilità del materiale video negli archivi RAI), un succinto riassunto della trama.

Il cadavere di una donna strangolata con una sciarpa di seta viene ritrovato nel terreno di una fattoria a Littleshaw, piccolo centro abitato a pochi chilometri da Londra. La vittima è una giovane attrice e fotomodella, Barbara Collins, legata sentimentalmente al ricco proprietario di una catena di riviste femminili e notorio *playboy*, Clifton Morris. Da subito, all'ispettore Jett, la posizione di Morris appare pesantemente compromessa, infatti, non solo la sciarpa usata come arma del delitto è simile a quelle comunemente indossate dall'editore, ma a poca distanza dal luogo del delitto viene anche rinvenuto un accendisigari d'oro di proprietà dell'uomo, che afferma di averlo smarrito qualche giorno prima. Naturalmente, Morris non è il solo sospettato sulla lista della polizia. Insieme a lui, sia pur con indizi meno evidenti, ci sono anche Alistair Goodman, il proprietario della fattoria in cui è stata ritrovato il corpo della giovane; Marian Hastings, fidanzata di Goodman e amica della vittima; lo stesso fratello di Barbara Collins, Edward, che non aveva buoni rapporti con lei, e diversi altri. Ma il destino sembra accanirsi particolarmente solo contro il povero Morris che procuratosi un alibi per la sera del delitto, una sua amica afferma di essere stata in sua compagnia nelle ore in cui veniva commesso, se lo vede sottrarre tragicamente quando anche quest'ultima viene ritrovata strangolata con un'identica sciarpa di seta, proprio nel suo appartamento. Starà all'ispettore Jett dipanare l'insidiosa ragnatela d'indizi che qualcuno sembra aver teso intorno allo sfortunato *playboy*.

Diretto da Guglielmo Morandi, tradotto da Franca Cancogni, che qui fa il suo esordio come traduttrice italiana dei copioni di Durbridge (di cui poi avrà l'esclusiva anche per la radio, con una sola eccezione), e con uno stuolo di giovani e meno giovani attori teatrali e televisivi, tra cui ricordiamo, Franco Volpi nella parte di Clifton Morris, Aroldo Tieri in quella dell'ispettore Jett (come continua a presentarlo nella sua scaletta il *Radiocorriere*, forse solo per un'errore di pronuncia dell'originale Yates), e poi, Roldano Lupi come Alistair Goodman, Liana Trouché come Marian Hastings, Ivano Staccioli come Edward Collins, oltre a Nando Gazzolo, Francesco Mulè, e un giovane e praticamente esordiente Ugo Pagliai, *La sciarpa* fu realizzato quasi completamente in studio, dove furono anche ricostruiti ambienti e strade della cittadina inglese in cui si svolge la vicenda, spostando la troupe per i pochi esterni nei pressi di una tenuta, situata sulla Cassia, che ricordava molto le classiche strutture edilizie britanniche. Evidentemente, ancora i produttori RAI erano lontani dall'autorizzare costose trasferte nelle località estere originali dove erano ambientate le storie di Durbridge, cosa che avverrà in seguito, e sicuramente un "esperimento", come poteva a tutti gli effetti essere considerato questo, non incentivava allo sperpero delle risorse. La programmazione venne studiata in una formula "bi-settimanale", piuttosto insolita per uno sceneggiato dell'epoca: cioè mandando in onda le sei puntate ogni lunedì e mercoledì, poco dopo le 21. Ulteriore prova di una cautela anche eccessiva da parte dei vertici RAI nell'affrontare questo nuovo modo di proporre una storia poliziesca: da una parte si pensava forse che riavvicinando gli appuntamenti si mantenessero più vivi l'interesse e il ricordo della storia nella mente degli spettatori; mentre dall'altra, nel caso di un insuccesso, dimezzando il numero di settimane di programmazione, si limitavano anche i danni in termini di ascolto.

Ma ogni timore che ci fosse stato si rivelò privo di fondamento. Pur non raggiungendo il record della Germania (dove un paio di anni prima, racconta la leggenda, nelle ore in cui veniva trasmessa *Das Halstuch*, come suonava il titolo nella traduzione tedesca, gli operai e gli impiegati si assentavano dalle fabbriche e dagli uffici per seguirla, al punto da spingere le varie dirigenze a modificare gli orari di lavoro per non interrompere la produzione), anche nella sua versione italiana, *La sciarpa* ebbe ascolti notevolissimi, quasi sei milioni di spettatori, un risultato di grande rilievo, se si pensa che l'appena nato Secondo Programma era un *optional* per la gran parte degli abbonati RAI che avevano ancora vecchi televisori che non lo ricevevano, e anche l'indice di gradimento (che veniva rilevato con sondaggi telefonici presso gli spettatori, ed era sicuramente più significativo dell'odierno *share*), raggiunse punte dell'ottanta per cento.

Ma il giallo a puntate di Durbridge conquistò un altro importante risultato: insieme allo sport e alla politica divenne argomento di conversazione tra la gente nei bar, nei negozi, o dal parrucchiere. La "caccia al colpevole" ancora una volta elettrizzò il pubblico, come ai tempi di *Giallo Club*, con la grossa differenza però che questa volta l'enigma non si risolveva nel giro di una sola sera, e poteva essere discusso e commentato per giorni, mentre le ipotesi sull'identità dell'assassino da parte della gente si accavallavano. Alcuni quotidiani colsero questo interesse e il mattino dopo ogni nuova puntata pubblicavano articoli che riassumevano la vicenda fino a quel momento ed enumeravano i vari sospettati come se si fosse trattato di un autentico caso di cronaca. La sera dell'ultima puntata, poi, si notò che al cinema e nei locali pubblici che non disponevano di una saletta tv (alcuni se ne erano dotati ai tempi di *Lascia o raddoppia*, il popolarissimo quiz di Mike Bongiorno, che pochi anni prima svuotava letteralmente le strade e aveva costretto i proprietari di cinema, teatri e sale da ballo ad allestire apposite postazioni televisive per evitare che oltre alle strade si svuotassero anche le loro casse), l'afflusso nell'ora in cui andava in onda la trasmissione aveva subito cali rilevanti. Insomma, la RAI aveva trovato un nuovo filone d'oro e da quel momento ne avrebbe attinto a piene mani per molti anni a venire.

Come dicevo più sopra, de *La sciarpa* non sembra sia rimasto più niente negli archivi RAI. Sui computer di RAI Teche esiste solo un servizio, presumibilmente del telegiornale andato in onda la sera subito prima dell'ultima puntata, con interviste agli attori, al regista e alla traduttrice in cui tutti si schermiscono scherzosamente sul fatto di non conoscere o non poter rivelare l'identità del colpevole, che testimoniano l'interesse del pubblico per la soluzione del giallo, e qualche breve sequenza tratta dalle puntate precedenti che può solo accentuare il dispiacere di non poterlo più vedere.

2. *Paura per Janet* (1963)

SCHEDA TECNICA
PAURA PER JANET (1963) (Secondo Programma TV) 02/12/1963 - 18/12/1963 Puntate 6
Attori principali: Aroldo Tieri, Valentina Fortunato, Ernesto Calindri, Massimo Girotti, Carlo Delmi, Lia Zoppelli
Regia: Daniele D'Anza
Produzione originale BBC: *A Time of Day* (1957)
Traduzione : Franca Cancogni

Se la RAI poteva avere dimostrato cautele eccessive nella preparazione e nella programmazione de *La sciarpa*, dobbiamo almeno riconoscere ai dirigenti dell'epoca di aver capito velocemente l'errore di valutazione fatto. L'eco del successo di quel primo sceneggiato giallo non si era ancora spenta che già l'emittente di stato ne metteva in cantiere un secondo ancora tratto da uno *script* televisivo di Durbridge, mentre quasi contemporaneamente veniva prodotta, dopo due anni di silenzio dalla fine di *Giallo Club*, una nuova serie di telefilm con protagonista il tenente Sheridan, ma stavolta senza gioco a quiz abbinato: *Ritorna il tenente Sheridan*, sei episodi autoconclusivi mandati in onda addirittura sul Programma Nazionale e di domenica in prima serata, l'orario canonico dei grandi sceneggiati, ad ulteriore testimonianza di un nuovo rispetto e interesse da parte della dirigenza nei confronti del giallo.

Il nuovo sceneggiato televisivo di Durbridge, che in quell'estate del 1963 ancora non aveva un titolo italiano, era il settimo da lui scritto, s'intitolava nella versione originale, trasmessa dalla BBC nel 1957, *A Time of Day*, e conteneva nella trama un elemento che avrebbe sicuramente acuito l'attenzione e alzato i livelli d'ansia del pubblico ben al di là della classica "caccia al colpevole", e cioè il rapimento di una bambina.

Nuovamente dobbiamo ricorrere alle insostituibili

informazioni del *Radiocorriere TV* per ricostruire sia pur per sommi capi una storia di cui negli archivi RAI sembra non esserci più traccia.

Janet Freeman, la figlia decenne di Clive Freeman, scienziato ricco e famoso, sparisce inspiegabilmente un giorno da scuola. Il rapimento appare subito piuttosto singolare. Infatti per molti giorni nessuno si fa vivo per chiedere un riscatto, gettando nell'angoscia il padre e la madre, Lucy, che non riescono a spiegarsene le ragioni. In realtà, la famiglia Freeman era tutt'altro che una famiglia felice anche prima della sparizione di Janet. I due coniugi, infatti, erano ormai ad un passo da un furioso divorzio, e tra le ipotesi sul movente, la polizia, nella persona dell'ispettore Kenton, non esclude possa esserci l'interesse di uno dei due genitori a sottrarre all'altro la custodia della bimba. Resterebbe da capire eventualmente chi dei due, anche se le maggiori attenzioni si appuntano su Clive, il padre, che andava spesso a prendere la piccola a scuola e che possiede una macchina dello stesso modello di quella con cui sarebbe stata vista allontanarsi Janet. Tuttavia anche altri possibili moventi sono considerati con attenzione dalla polizia. Freeman infatti aveva allo studio nei suoi laboratori importanti scoperte, e in tal caso Janet avrebbe potuto essere stata rapita da un'organizzazione di spie interessata a ricattarlo per acquisire segreti da poter rivendere a potenze straniere (siamo ancora in tempi di piena guerra fredda). Nel suo evolversi, come ogni buon giallo che si rispetti, la vicenda si arricchirà di un paio di cadaveri che renderanno ancora più assillante la nuova domanda che il pubblico italiano si sarebbe ripetuta sintonizzandosi sul Secondo Programma ogni lunedì e giovedì alle 21,15, dal 2 dicembre, fino al suo scioglimento tre settimane dopo, il 18 dicembre 1963 (che però era un mercoledì, vedremo poi perché), ad un passo dal Natale: "Chi ha rapito Janet, e che ne sarà stato di lei?"

Paura per Janet, il titolo che la produzione italiana aveva scelto alla fine per lo sceneggiato, si adattava quindi molto bene anche allo stato d'animo dei telespettatori del bel paese, sempre pronti a commuoversi e trepidare per la sorte di un

24

bambino, anche in un'opera di fantasia, e la scelta della piccola attrice che avrebbe interpretato il ruolo della bimba scomparsa venne attentamente effettuata dal regista Daniele D'Anza e dai suoi collaboratori, che indirono addirittura un concorso in tutta Italia per cercare il volto adatto per Janet. Tra le centinaia di candidate venne scelta infine la piccola Silvana Valci, che con i suoi capelli rossi e le sue efelidi, ben si adattava alla parte di una bimbetta inglese. Intorno a lei, facevano corona Aroldo Tieri, di ritorno dopo *La sciarpa*, nel ruolo del padre Clive Freeman, Valentina Fortunato in quello della madre Lucy Freeman, Massimo Girotti, l'avvocato e amico di famiglia Lawrence Howard, e Ernesto Calindri che con i suoi baffetti e quell'aria serafica *very british*, era un perfetto ispettore Kenton, con tanto di bombetta, come si evince dalle foto pubblicate dal *Radiocorriere*.

Lo sceneggiato venne girato come il precedente in buona parte a Roma in studio, dove vennero ricostruiti molti scorci di strade di Londra, oltre agli interni di casa Freeman, ma per la prima volta furono autorizzati anche brevi trasferte in Inghilterra per riprendere alcuni luoghi tipici della capitale britannica, come Piccadilly Circus o la Victoria Station, per dare un sapore ancora più realistico alla vicenda.

Inoltre, per mantenere il segreto assoluto sulla conclusione del giallo e sull'identità del colpevole, solo il regista e i suoi più stretti collaboratori, *in primis* Franca Cancogni, che aveva tradotto e adattato anche il nuovo Durbridge, erano al corrente del contenuto delle ultime pagine del copione, mentre gli stessi protagonisti furono tenuti all'oscuro fino all'ultima puntata. Vuole la leggenda che quelle mitiche pagine finali dei tre unici copioni che contenevano l'identità del colpevole, fossero state distrutte in presenza di D'Anza perché non potessero finire in mani sbagliate. Tutte queste precauzioni che potrebbero apparire esagerate, e anche un po' ridicole, avevano una loro precisa ragione d'essere. Come ho già detto, molti quotidiani e riviste di spettacolo, già con *La sciarpa*, avevano intuito le potenzialità d'interesse che articoli riguardanti il nascente genere del giallo televisivo a puntate, e la conseguente ridda di ipotesi su come sarebbe andata a finire, sapevano sollevare nei lettori, e quindi editori e redattori lanciavano i loro reporter alla caccia d'indizi d'ogni genere sul set dove si girava il nuovo giallo nella speranza di godere di ghiotte anticipazioni da gettare in pasto al proprio pubblico. Pensate cosa avrebbe potuto significare entrare in possesso delle pagine finali di un copione. Una fortuna per il giornale che ci fosse riuscito, ma una rovina per la produzione che si sarebbe vista "bruciare" il colpo di scena più atteso dagli spettatori, rischiando di minare fortemente il livello degli ascolti.

La questione causava paranoie notevoli ai dirigenti RAI che poco meno di due anni dopo avrebbero avuto modo di toccare con mano cosa voleva dire esattamente, quando per un "errore di tempistica", il romanzo di Casacci e Ciambricco, *La donna di fiori*, tratto dall'omonimo sceneggiato giallo con il tenente Sheridan, che stava andando in onda proprio in quei giorni, uscì in edicola non la settimana dopo la trasmissione dell'ultima puntata, come previsto inizialmente dagli accordi, ma la settimana prima, essendosi l'editore procurato, con astuta manovra, l'autorizzazione a stampare anticipatamente il libro, da qualche ingenuo funzionario. Il risultato fu che edicole e librerie vennero invase dai lettori che non vedevano l'ora di sapere chi fosse l'assassino, gettando nel panico la RAI che temeva così di vedere calare drasticamente l'interesse del pubblico per l'ultima attesa puntata. Il volumetto raggiunse in pochi giorni le 300.000 copie vendute, ma, contrariamente ai timori dei dirigenti della tv di stato, la puntata conclusiva de *La donna di fiori* confermò comunque l'alta percentuale di ascolti delle puntate precedenti, e quindi anche se la rabbia fu grande, in definitiva entrambi i contendenti uscirono vincitori dalla vicenda, confermando se non altro la grandissima popolarità che gli sceneggiati televisivi gialli erano riusciti a raggiungere .

Tuttavia non c'è da stupirsi se, con il passare degli anni, i metodi "anti-spionaggio" si sarebbero fatti sempre più sofisticati, costringendo funzionari tv, registi e scrittori ad incredibili equilibrismi per impedire fughe di notizie.

Ma non precorriamo i tempi, e torniamo a quel dicembre

1963 ed a *Paura per Janet*. Nonostante il rilievo dato sulla stampa al giallo, certamente non inferiore a quello ricevuto dal suo predecessore, ci fu una notevole differenza nei dati sull'accoglienza del pubblico rispetto a *La sciarpa*. Mentre infatti, l'indice di gradimento si mantenne stabile, guadagnando anzi un paio di punti, 82 contro 80, gli ascolti registrarono un calo piuttosto ragguardevole: circa due milioni di spettatori in meno, che rientravano nella media della rete cadetta, ma che risultavano tuttavia inspiegabili sulla scorta di quelli che erano stati invece i risultati ottenuti il marzo precedente con l'altro sceneggiato dello stesso autore, sullo stesso canale e alla stessa ora. Probabilmente, *Paura per Janet* pagò l'infelice collocazione del giovedì, quando a fargli concorrenza sul Programma Nazionale, c'era *Gran Premio*, quello che oggi chiameremmo un *talent show*, incentrato su un torneo regionale che aveva come protagonisti cantanti, attori e fantasisti dilettanti di ogni genere provenienti da tutte le regioni italiane, che divisi in squadre si affrontavano ogni settimana nelle loro rispettive specialità, spalleggiati di volta in volta da famosi personaggi dello spettacolo che erano originari ciascuno di quella o di quell'altra regione e che facevano loro da padrini o madrine. Il varietà, presentato dal popolarissimo Carlo Campanini, indimenticabile spalla comica di grandi attori come Totò o Walter Chiari, era per di più abbinato alla Lotteria di Capodanno, cioè quanto di più nazional-popolare si potesse pensare per monopolizzare l'attenzione dello spettatore di casa nostra. Quando il giallo di Durbridge iniziò, *Gran Premio* era già in onda da settimane e si era costruito un suo pubblico numerosissimo e fedele che certamente non avrebbe rinunciato a seguire e sostenere i beniamini della propria regione (specialmente nella speranza di vincere i ricchi premi che erano loro abbinati) per seguire le indagini di Calindri, e quindi questo finì per ripercuotersi negativamente sugli ascolti dello sceneggiato. All'epoca, poi, le rilevazioni di quello che si chiamava il "Servizio Opinioni", e che serviva appunto a percentualizzare il numero di spettatori e il gradimento di ogni programma televisivo e radiofonico, arrivavano con molta più lentezza, e quindi i dirigenti RAI si resero conto con molto ritardo della situazione, correndo ai ripari solo all'ultima puntata che fu anticipata così al mercoledì, ma troppo tardi per risollevare in maniera evidente i dati di ascolto.

Tuttavia questa parziale *débâcle*, non era certo da imputare alla storia di Durbridge, che aveva ottenuto, come abbiamo visto, un altissimo indice di gradimento tra chi aveva seguito la vicenda, e ormai il giallo a puntate era comunque un genere sicuro su cui la RAI era disposta a scommettere. Di lì a poco infatti, sarebbe partita la realizzazione delle prime storie di Georges Simenon con protagonista il commissario Maigret, interpretato dal grandissimo Gino Cervi, e si cominciava a pensare che anche il popolarissimo Sheridan di Ubaldo Lay, che aveva confermato con la recente nuova serie il suo successo presso il pubblico televisivo, fosse maturo per affrontare un caso poliziesco ad ampio respiro. Ma i tempi della RAI di quegli anni, che a differenza di quella degli ultimi decenni, era priva di concorrenza e non costretta ad inseguire mode e tendenze, erano lunghi, e quest'ultimo evento, come abbiamo già visto, non si verificherà che due anni dopo, nel 1965. Mentre per assistere al ritorno di Francis Durbridge con un nuovo giallo ci vorrà ancora più tempo, quasi tre anni, ma quando avverrà sarà valsa la lunga attesa.

Purtroppo anche di *Paura per Janet* non sembra essere rimasto alcunché negli archivi RAI. Non so se la cosa sia dovuta all'abitudine dell'epoca di riutilizzare i vecchi nastri per risparmiare, che tante vittime illustri ha fatto tra i programmi storici della RAI di quegli anni, oppure al normale deperimento del materiale, spesso conservato in maniera approssimativa (almeno fino all'avvento di RAI Teche), o ancora alla cessione dei nastri in archivio a qualcuna delle tante emittenti commerciali nate come funghi nella seconda metà degli anni 70 che richiedevano materiale a basso costo. Comunque sia, pare proprio a questo punto che ci si debba rassegnare alla perdita definitiva anche di questo sceneggiato.

3. *Melissa* (1966)

SCHEDA TECNICA
MELISSA (1966)   (Secondo Programma TV) 23/11/1966 - 28/12/1966   Puntate 6
Attori principali: Rossano Brazzi, Turi Ferro, Esmeralda Ruspoli, Aroldo Tieri, Laura Adani, Massimo Serato
Regia: Daniele D'Anza
Produzione originale BBC: *Melissa* (1964)
Traduzione: Franca Cancogni

Erano trascorsi quasi tre anni da *Paura per Janet*, ma non erano trascorsi invano. Nel frattempo, la RAI aveva prodotto e trasmesso due serie de *Le inchieste del commissario Maigret* con Gino Cervi (otto sceneggiati di varia durata per un totale di diciotto puntate), *La donna di fiori*, prima indagine "lunga" (sei puntate) per il tenente Sheridan di Ubaldo Lay, e altri due cicli di una serie giallo-rosa con Lauretta Masiero e Aldo Giuffre', *Le avventure di Laura Storm*, tutte con grandissimo successo. Volendo, potremmo anche inserire l'incubo di tutti i bambini, in quell'estate del '66, che come me tremavano nascondendosi dietro le lenzuola, ma non rinunciavano a seguire le tenebrose imprese del sinistro *Belfagor, il fantasma del Louvre*, il cui successo fu tale da costringere la RAI a trasferirlo per le ultime due puntate dal Secondo Programma (che ormai sembrava il canale deputato al giallo) al Programma Nazionale, ma in realtà si trattava di una produzione francese. Tuttavia anche questa era un'ulteriore prova di quanta importanza il genere poliziesco avesse acquisito nei palinsesti della TV di stato. Ormai era ora di rispolverare anche Durbridge, e per farlo fu scelto uno dei suoi più recenti copioni, *Melissa* (che aveva lo stesso titolo anche in originale), tredicesimo serial televisivo andato in onda sulla BBC solo due anni prima con enorme successo, e subito acquistato da diverse TV di varie nazioni europee (Francia e Germania in testa) che ne avevano messo in cantiere ognuna una propria versione. Ai dirigenti RAI apparve subito come la scelta più idonea, e in effetti, lo *script* possedeva un po' tutti gli elementi tipici del miglior Durbridge.

Per la prima volta, non c'è bisogno di ricorrere al *Radiocorriere TV*, perché per fortuna, di *Melissa*, così come di tutti gli altri sceneggiati di Durbridge prodotti in Italia negli anni a seguire sono rimasti i nastri, e grazie ai DVD, (e presto, speriamo a Raiplay, la piattaforma digitale della RAI che permette di accedere a tanti vecchi programmi dell'emittente), tutti potranno rivederseli quando e quanto vogliono. Non rinunceremo tuttavia al solito breve riassunto della trama.

Guy Foster, ex-giornalista che ha lasciato la professione per coltivare le sue velleità di scrittore, non se la cava molto bene economicamente, e la questione è causa di frequenti dissapori con sua moglie Melissa. Eppure Melissa, all'insaputa di suo marito, vive ben al di sopra dei mezzi modesti della coppia. Guy lo scopre nel peggiore dei modi, quando il cadavere strangolato di lei viene ritrovato nel Regent's Park di Londra. La donna si era recata in compagnia di due amici, Felix e Paula Hepburn, ad un ricevimento del campione automobilistico Don Page. Rimasto a casa da solo a scrivere, Guy aveva ricevuto una chiamata di Melissa che lo invitava ad unirsi alla festa dove avrebbe incontrato un importante editore. Poco entusiasta, Guy si era comunque recato all'indirizzo datogli dalla moglie, solo per scoprire che quell'indirizzo non esisteva e che Melissa era stata ritrovata uccisa nel parco. Da lì, l'uomo comincia a scoprire cose che non immaginava su di lei, come ad esempio che Melissa era in possesso di cospicue somme di denaro, che a quanto pare vinceva al gioco, e reinvestiva in gioielli e altri valori, di cui lui non aveva mai sospettato l'esistenza. L'ispettore Cameron di Scotland Yard, che conduce le indagini, scopre i pessimi rapporti che intercorrevano tra la coppia, e viene a sapere addirittura che Melissa, preoccupata della salute mentale del marito, l'avrebbe convinto a consultare uno psichiatra, il dottor Norman Swanson, per i suoi scatti di rabbia. Guy nega assolutamente di aver mai consultato Swanson, ma resta di sasso quando questi invece lo smentisce affermando di averlo ricevuto e visitato nel suo studio. La circostanza è confermata anche dall'infermiera dello psichiatra, Joyce Dean. Ormai la polizia lo sospetta, e Guy sembra incapace di sottrarsi alla rete di menzogne che lo circonda. Ma sono davvero menzogne? Perfino i suoi più cari amici cominciano a dubitare di lui. Una cappelliera che compare e scompare, un nome su una lettera di Melissa che solo lui sembra avere letto, e un uomo che misteriosamente cambia volto, sono altri elementi di questo ingegnoso puzzle che sconcertò il pubblico italiano, spingendolo a chiedersi se Rossano Brazzi, gloria nazionale ma anche stella del cinema internazionale, che interpretava il protagonista Guy Foster, fosse solo un innocente, incastrato da una serie incredibile di circostanze avverse, o non fosse davvero un pazzo omicida dalla doppia personalità.

Diretto ancora da Daniele D'Anza, di ritorno dopo *Paura per Janet*, *Melissa* fu visto da quasi dieci milioni di spettatori (9.900.000, per la precisione, quasi tre milioni più de *La sciarpa*, e sei più di *Paura per Janet!*) con un gradimento confermato all'82%. Accanto a Brazzi, al suo esordio come attore televisivo, c'erano Esmeralda Ruspoli, nobildonna di antica casata datasi alla professione di attrice, nel ruolo della defunta ma sempre presente Melissa; Aroldo Tieri, che ormai sembrava essere diventato una specie di portafortuna per i gialli di Durbridge, e Laura Adani, in quelli di Felix Hepburn e di sua moglie Paula; Massimo Serato come il pilota di Formula Uno Don Page, Franco Volpi, altro ritorno del giallo "durbridgiano", come il dottor Swanson, la giovane Luisella Boni (che di lì a poco sarebbe divenuta la moglie del regista D'Anza conosciuto proprio in questa occasione) come la bella e ambigua infermiera Joyce Dean, e Turi Ferro nei panni dell'imperturbabile, ma umanissimo, ispettore Cameron.

In quella metà degli anni 60, l'Italia era in pieno boom economico. Gli apparecchi televisivi, e di conseguenza gli abbonamenti erano cresciuti esponenzialmente e a quel punto erano davvero poche le famiglie che per seguire i programmi TV dovevano ancora trasferirsi in casa di parenti e amici, o accalcarsi nella saletta del bar sotto casa. Con la sua

31

esperienza ormai più che decennale, la RAI era uscita dall'infanzia e si apprestava a diventare una delle emittenti europee più ricche, per cui non si badava più a spese, e *Melissa* sicuramente si giovò di questo. I giorni di trasferta sul suolo britannico per girarvi gli esterni, in particolare a Londra, aumentarono, e la sigla iniziale, una delle più ricordate di uno sceneggiato di Durbridge, fu girata interamente lungo le strade della capitale inglese, con la telecamera che inquadrava frontalmente un'auto della polizia che correva a sirene spiegate, mentre sulle immagini scorrevano i titoli d'apertura, e la musica di Fiorenzo Carpi con i suoi fiati dal ritmo jazzistico faceva da accompagnamento. Ma non meno ricordata è anche la sigla di chiusura, *Regent's Park*, sempre scritta da Carpi con D'Anza ed eseguita vocalmente da Connie Francis, popolare cantante americana di origini italiane dell'epoca, che con le sue immagini misteriose e suggestive ed i suoi toni un po' malinconici, alludeva alla figura di Melissa che avvolta in una pelliccia (pelliccia che nella trama assumerà grande rilievo), si avviava verso il suo destino.

Lo sceneggiato andò in onda sempre in sei puntate e ancora sul Secondo Programma, ma stavolta con un solo appuntamento settimanale, collocato al mercoledì, dal 23 novembre al 28 dicembre 1966, alle canoniche 21,15. Evidentemente, ora che i timori dirigenziali per la tenuta dei gialli a puntate si erano dissolti, s'intendeva centellinare la *suspense* per gli spettatori che avrebbero dovuto attendere un'intera settimana di ansie e congetture per poter tornare a seguire un nuovo capitolo della vicenda, e poter alla fine avere una risposta alla nuova domanda che percorreva lo stivale: "Chi ha ucciso Melissa Foster?". Ed è ovvio che ormai la "caccia al colpevole" era divenuta uno sport nazionale: non solo giornali e riviste pubblicavano articoli, interviste agli interpreti (anche se la consegna al silenzio sul finale era rigidissima), ma addirittura un rotocalco bandì un vero e proprio concorso con tanto di ricchi premi per chi avesse indovinato il nome dell'assassino. Nome che, altrettanto ovviamente, era protetto con estrema cura dai pochissimi che lo conoscevano. Il regista D'Anza addirittura questa volta girò molte differenti versioni della stessa scena, e ad ogni nuova versione, appariva un diverso autore per il delitto. Le molte versioni di questa scena andarono poi regolarmente in onda nell'ultima puntata del giallo, nella lunga sequenza in cui l'ispettore Cameron enumera le varie possibili ipotesi di colpevolezza, acuendo la curiosità del pubblico in attesa di scoprire quale si sarebbe rivelata quella giusta. Questo espediente servì non solo a confondere le idee a giornalisti e investigatori dilettanti, ma anche agli stessi attori che potevano sperare fino all'ultimo di essere ognuno di essi il colpevole. Sì, perché essere "il colpevole" in un popolarissimo giallo a puntate era divenuta l'aspirazione di molti attori, soprattutto tra quelli ancora in cerca di una vera notorietà. Per almeno un mese sarebbero stati protagonisti di interviste da parte di giornali e riviste di tutta Italia e della stessa TV, riscuotendo una popolarità che avrebbe potuto significare nuove possibilità di scritture e prospettive inimmaginabili, per cui si può capire facilmente quanto quel ruolo fosse ambito. L'ultima puntata del giallo, poi, fu un evento televisivo, tanto che il giorno dopo, *Cronache italiane*, trasmissione giornalistica del Programma Nazionale che andava in onda nel preserale, gli dedicò un intero servizio.

Alla durata e al prolungamento delle emozioni per lo spettatore italiano, contribuivano poi anche le traduzioni dell'esperta Franca Cancogni, sorella del giornalista e scrittore Manlio Cancogni, sceneggiatrice e scrittrice essa stessa, che riusciva, in collaborazione spesso con il regista di turno (o, come capiterà in futuro, cooperando con altri sceneggiatori) ad ampliare i tempi della storia, con approfondimenti di personaggi o situazioni per meglio adattarli al gusto dello spettatore di casa nostra, o addirittura aggiungendo intere scene o nuovi personaggi, purché non alterassero in modo importante la trama originale. Infatti, mentre le versioni inglesi, che fossero divise come in un primo tempo in sei puntate di 25 minuti l'una o successivamente in tre puntate di 50, non superavano mai in pratica le tre ore totali di trasmissione, quelle italiane, con puntate che potevano durare anche più dell'ora canonica, sfondavano a volte il tetto delle sei o anche sette ore.

In effetti, guardando le versioni originali inglesi e confrontandole con quelle di casa nostra, non si può non notare una certa velocità e spesso un accavallamento degli eventi che rischiano di soffocarsi a vicenda, annacquando per certi versi i momenti topici delle trame, a partire proprio a volte dal colpo di scena conclusivo della puntata, il cosiddetto *cliffhanger*, quello che in pratica dovrebbe servire ad "agganciare" gli spettatori per convincerli a sintonizzarsi la settimana successiva. Per non parlare delle interpretazioni degli attori più contenute, per non dire più fredde, di quelle a cui siamo abituati noi. Le versioni italiane hanno sicuramente un ritmo più lento, gli eventi sono più attentamente distribuiti e i colpi di scena sono sottolineati quasi sempre dall'improvvisa introduzione di un tema musicale *ad hoc* che evidenzi anche allo spettatore più distratto che quello è un momento in cui intensificare l'attenzione.

Melissa resta forse il serial televisivo più celebre di Durbridge, visto che è l'unico ad aver goduto in patria di ben tre versioni: quella originale del 1964, un fedele remake a colori del 1974, che accorpò le sei puntate originali di mezz'ora in sole tre puntate di un'ora l'una, e un'ulteriore nuova edizione nel 1997 (mai vista a quanto mi consta fuori dall'Inghilterra, ma pare pesantemente rimaneggiata), trasmessa un anno prima della morte dello scrittore.

Della versione italiana esiste un cofanetto DVD edito da RAI-ERI.

4. *Giocando a golf, una mattina* (1969)

SCHEDA TECNICA
GIOCANDO A GOLF UNA MATTINA (1969) (Programma Nazionale TV) 28/09/1969 - 16/10/1969 Puntate 6
Attori principali: Luigi Vannucchi, Aroldo Tieri, Gastone Bartolucci, Luisella Boni, Aldo Massasso, Marina Berti
Regia: Daniele D'Anza
Produzione originale BBC: *A Game of Murder* (1966)
Traduzione: Franca Cancogni

Pare che in quella fine d'anno 1966, mentre l'Italia televisiva s'interrogava ancora su chi avesse ucciso Melissa Foster, un cronista particolarmente intraprendente avesse avuto la trovata geniale di telefonare ad un suo collega inglese (in Inghilterra *Melissa* era già andato in onda due anni prima) per farsi rivelare il nome dell'assassino.

Se le cose siano andate proprio così non lo sappiamo con certezza, ma è un fatto che un nome del possibile colpevole trapelò comunque fra le pagine di alcuni giornali, e quando questo fu confermato dalla rivelazione della puntata finale ci fu sempre sulla stampa chi storse il naso criticando l'inefficacia di tutta quella vantata segretezza quando una semplice telefonata era bastata a far crollare il "muro di omertà".

Per non parlare del piccolo "scandalo" che coinvolse addirittura lo stesso organo di stampa della RAI, il fondamentale *Radiocorriere Tv*, che l'anno prima in occasione della seconda indagine a puntate del tenente Sheridan, *La donna di quadri* di Casacci e Ciambricco con la regia di Leonardo Cortese, aveva commesso la leggerezza di pubblicare la canonica intervista all'interprete dell'assassino nella settimana in cui avrebbe dovuto andare in onda l'ultima puntata, destando le furie del pubblico e le ironie dei critici. Insomma riuscire a mantenere il segreto sul finale di un giallo a puntate stava diventando sempre più difficile, e questo naturalmente metteva in allarme i vertici RAI e Daniele D'Anza, confermato regista anche per il successivo Durbridge, che pensò ad un sistema tutto nuovo per confondere le acque.

Ma procediamo con ordine. Dopo l'enorme successo popolare e mediatico di *Melissa*, la RAI si sentiva ulteriormente incentivata, se ce ne fosse stato ancora bisogno, ad incrementare il numero di trasmissioni a sfondo poliziesco delle sue due reti. Tra l'inizio del '67 e il settembre del '69, quando il nuovo Durbridge esordì in pompa magna di domenica alle 21,05 sul Programma Nazionale (novità assoluta per il nostro autore!), ormai i gialli non si contavano più. Cito solo i titoli più importanti di quel periodo: oltre al solito Sheridan, tornato non solo con una nuova donna del suo poker in formazione, la già citata *La donna di quadri*, in cinque puntate, ma pure con una nuova serie di episodi autoconclusivi, cinque anche questi, riuniti sotto il titolo di *Squadra omicidi, tenente Sheridan*, e a Maigret con un terzo ciclo di storie (altri cinque sceneggiati per un totale di undici episodi), arrivarono ad unirsi alla schiera degli investigatori reinventati dalla nostra televisione, anche Nero Wolfe e il suo assistente Archie Goodwin, dai romanzi di Rex Stout, al secolo Tino Buazzelli e Paolo Ferrari (sei storie divise ognuna in due parti), e il re di tutti gli investigatori, il grande Sherlock Holmes di Sir Arthur Conan Doyle, interpretato alla perfezione da Nando Gazzolo, affiancato da un altrettanto perfetto Gianni Bonagura nella parte dell'inseparabile Watson (due classici, *La valle della paura* e *L'ultimo dei Baskervilles*, in tre puntate ciascuno). Tra i prodotti un po' più *sui generis*, ma da non trascurare, ricorderei anche *Geminus*, un singolare giallo in chiave di commedia con un insolito Walter Chiari, e la prima serie de *I ragazzi di Padre Tobia*, telefilm per la "TV dei ragazzi" dal sapore solo vagamente poliziesco, ma degno di apparire in questa lista, se non altro per la firma degli autori, quei Casacci e Ciambricco, già padri del tenente Sheridan.

Per quel che riguarda Durbridge, la pausa televisiva durava ormai da tre anni, ma la RAI non aveva certo dimenticato lo scrittore inglese (fra l'altro due suoi serial radiofonici erano andati in onda nel frattempo), e finalmente nell'estate del 1969 giunse notizia di un suo nuovo giallo televisivo in lavorazione, il terzo consecutivo diretto da Daniele D'Anza che si stava specializzando nel genere, e che negli anni successivi avrebbe firmato altri grandi successi come *Coralba*, *Il segno del Comando*, *Ho incontrato un'ombra*, *L'ultimo aereo per Venezia*, tutti in chiave *mystery* ma non più all'ombra di Durbridge. Ancora una volta si trattava di un'opera abbastanza recente, (il quindicesimo serial televisivo di Durbridge, datato 1966) il cui titolo piuttosto banale, *A Game of Murder*, si trasformò in italiano nel più suggestivo *Giocando a golf, una mattina*. Franca Cancogni fu di nuovo affiancata dal regista come era già accaduto con *Melissa* e insieme i due tirarono fuori dallo *script* originale un'ottima sceneggiatura che, come la precedente, arricchiva senza tradirli il testo e i personaggi di sfumature dal sapore decisamente più nostrano. Inoltre, nell'ottica di rendere la vita sempre più difficile ad eventuali giornalisti guastafeste, come accennavo prima, D'Anza escogitò alcuni ulteriori trucchetti per confondere ancora di più le acque e scoraggiare chi avesse voluto eventualmente cercare di emulare la presunta impresa di quel cronista di cui sopra, che esistesse davvero o no. Tutti i nomi dei personaggi della storia vennero cambiati per renderli meno identificabili, e si mutarono anche alcuni rapporti di parentela (ad esempio nell'originale, la prima vittima era il padre e non il fratello del protagonista), ma certo non si rinunciò al solito sistema delle soluzioni alternative per proteggere anche sul set l'identità del colpevole. Anzi se ne rafforzò il metodo: questa volta non solo ne furono girate tre, ma tutte e tre finirono chiuse in cassaforte, fino al momento, il giorno dell'ultima puntata, in cui il regista stesso, e solo lui, ne avrebbe estratto quella vera per farla montare sul resto dell'episodio finale già pronto. Insomma questa volta il "muro di omertà" aveva retto e tutta l'Italia televisiva poté contemplare con stupore il volto del colpevole solo a pochi minuti dalla sigla di chiusura.

Qui apro una breve parentesi per risolvere quello che fu

anche per me un piccolo mistero a proposito di cambi di nome: anni dopo, nel 1975, quando Durbridge pubblicò la *novelization* di *A Game of Murder,* (uscita anche da noi col titolo italiano dello sceneggiato) i lettori più attenti notarono che tutti i personaggi avevano nomi diversi rispetto alle versioni televisive che erano circolate fino ad allora. Il mistero si chiarì due anni dopo, quando la TV tedesca ARD 1 mandò in onda una nuova versione della storia con il titolo *Die Kette* (lett. La catena) che Durbridge aveva riscritto per loro, cambiando i nomi dei personaggi ed alcuni passaggi della trama, essendo questa nuova versione in sole due parti. Confrontandola con il romanzo si notava che sia i nomi che le modifiche apportate alla storia corrispondevano. La *novelization* era dunque stata realizzata sulla scorta di questa nuova sceneggiatura. Un ulteriore indizio dello speciale rapporto che legava lo scrittore inglese al pubblico tedesco.

Ma tornando alla versione italiana, come dicevo, la trama, pur allungata e rimpinguata di dialoghi e scene fino a riempire le sei puntate di circa un'ora l'una come richiesto dalle esigenze RAI, rispettava pedissequamente l'intrigo ordito da Durbridge. Ed eccone un breve sunto.

Trasferito a Londra da Birmingham, l'ispettore Jack Kirby, in attesa di prendere servizio a Scotland Yard pensa di godersi un paio di settimane di ferie presso il fratello Bob, ex-asso del golf e attualmente proprietario di un negozio di articoli sportivi, ma l'atmosfera che vi trova è tesa, e Bob sembra depresso e intenzionato a cedere l'attività. Jack fa appena a tempo ad incontrarlo sul campo da golf, che Bob resta vittima di un incredibile incidente di gioco. Colpito alla testa da una pallina, cade su un sasso restando ucciso sul colpo. Responsabile sarebbe un certo Tony Stewart, che appare prostrato dalla disgrazia. Ma Jack non crede all'incidente e sospetta che suo fratello sia stato ucciso di proposito, anche se nessuno gli dà ascolto, a partire dal suo diretto superiore, il sovrintendente Bromford, e dal suo collega e amico, l'ispettore Ed Royce. Jack contro il loro parere persegue pervicacemente la pista del delitto e i suoi sospetti sembrano trovare conferma quando scopre il numero della targa dell'auto di Stewart annotato da Bob su una cartella nel suo ufficio. Contattato, Stewart nega di aver mai conosciuto Bob se non di fama, ma accetta di incontrare Jack, salvo poi non presentarsi, mandando la sua ragazza, Kay Richardson, al suo posto, per dargli un nuovo appuntamento. E stavolta Stewart c'è, morto con una pallottola nella testa. Ma a quanto pare, prima di morire, ha inviato a Kirby una raccomandata, come scoprono Royce e Bromford da una ricevuta rinvenuta a casa sua. Nel bel mezzo di questi tragici eventi, si dipana una vicenda che sembrerebbe minore e assolutamente estranea. La signora Mason, governante di Bob, ha smarrito da giorni il suo cagnolino. A ritrovarlo insperatamente, abbandonato e senza collare, è una strana coppia di coniugi, David Scott, un anziano gentiluomo bloccato su una sedia a rotelle, e la sua giovane moglie Mabel, e a Jack che è passato a riprenderselo, Scott chiede di devolvere la ricompensa ad un comitato di beneficenza e girarlo in favore del segretario, un certo Basil Haighs. Immaginatevi la sorpresa di Jack quando nell'appartamento di Stewart la polizia scoprirà proprio l'assegno da lui firmato in favore del signor Haighs! Il giorno dopo, intanto, la raccomandata arriva, e contiene due oggetti, un collare da cani, e un biglietto con su scritto, "Per questo tuo fratello è stato ucciso."

Questa è praticamente la trama della prima puntata, e fermiamoci pure qui, dato che lo sceneggiato può essere facilmente recuperato su DVD, e sarebbe un peccato rivelare troppi dettagli, rischiando di rovinare il divertimento a chi ancora non lo avesse visto, ma credo che basti a far capire che siamo in pieno Durbridge, con le sue consuete e intriganti coincidenze, che naturalmente non si riveleranno mai come tali, e i suoi colpi di scena spiazzanti, fatti ad arte per confondere lo spettatore. Che rapporto infatti possa esserci tra un collare per cani, un paraplegico a giorni alterni, le morti di Bob Kirby e Tony Stewart, e una misteriosa organizzazione, che dietro ad un giro di fotomodelle, nasconde prostituzione, spionaggio e ricatti, sarà il tema sviluppato nel corso delle sei puntate dello sceneggiato, in onda nuovamente a ritmo bisettimanale la domenica e il giovedì, dal 28 settembre al 16 ottobre 1969, ma per ragioni totalmente diverse da quelle che avevano indotto i dirigenti RAI ad adottarlo per i primi sceneggiati gialli degli anni 60: allora si era trattato di ridurre i tempi per ridurre le eventuali perdite di ascolto; ora riducendo così i tempi di trasmissione, si cercava di evitare il rischio di pericolose indiscrezioni sulla trama e sul finale.

Indiscrezioni che, al contrario del passato, non vi furono. I giornali seguivano con interesse l'evoluzione della storia puntata dopo puntata, e in particolare il giornale di Torino *La Stampa*, alla vigilia del finale, dedicò un'intera pagina allo sceneggiato in cui dopo aver illustrato con tanto di foto uno per uno i protagonisti della vicenda con sotto ognuno di loro un accurato esame delle ragioni per cui potevano essere indiziati, se ne uscì in una specie di sondaggio tra "addetti ai lavori" (commissari, ispettori, dirigenti e ufficiali vari delle forze dell'ordine del capoluogo piemontese) dove si chiedeva all'intervistato di turno chi avrebbe arrestato fra i vari sospettati. Per la cronaca, nessuno di loro fu in grado di indicare quello che la sera dopo sarebbe stato effettivamente smascherato come il responsabile principale di tutti i delitti. Anzi, fra le righe delle interviste si poteva leggere anche un certo dispetto per la propria incapacità che si traduceva in un malcelato fastidio per una vicenda secondo loro, troppo romanzata e inverosimile.

Per fortuna così non la pensavano i milioni e milioni di spettatori che si raccolsero intorno agli apparecchi televisivi nell'attesa di vedere l'epilogo di una storia che li aveva tenuti in sospeso per tre settimane. Ormai la RAI sapeva di poter contare su un successo sicuro quando si trattava di gialli a puntate, soprattutto se firmati da Durbridge, e anche stavolta non restò delusa. L'accoglienza del pubblico fu a dir poco entusiastica; il passaggio, poi, dal Secondo Programma al Nazionale e la collocazione domenicale favorirono ancora di più *Giocando a golf, una mattina* che raccolse un bel 80 di gradimento e oltre 15 milioni di spettatori di media. Tra i protagonisti, Luigi Vannucchi era Jack Kirby, Aroldo Tieri, per la quinta e ultima volta in un giallo di Durbridge (contando anche nel frattempo un serial radiofonico, *Margò*, in cui interpretava Paul Temple), nel ruolo dell'amico Ed Royce, e poi in ordine sparso, Luigi Montini (Tony Stewart), Gaetano Bartolucci (il sovrintendente Bromford), Andrea Checchi e Marina Berti (i coniugi Scott), Mario Carotenuto (Norman Brooks, l'ambiguo proprietario di un negozio di animali), Giuliana Lojodice (la sua amica e fotomodella Jessica) e Luisella Boni (Kay Richardson), di ritorno dopo *Melissa* in un ruolo da bella e misteriosa. A questo proposito, da una rivelazione fatta dal regista D'Anza al *Radiocorriere*, pare che per il ruolo di Kay Richardson fosse stata ingaggiata Alida Chelli, che di lì a poco avrebbe sposato Walter Chiari, ma la Chelli non si fece mai vedere sul set, costringendo D'Anza ad assegnare la parte a sua moglie, Luisella Boni. Il regista apprese solo parecchi giorni dopo che la Chelli si trovava in Australia dove aveva raggiunto Chiari per una vacanza.

Come per *Melissa*, i molti esterni di *Giocando a golf, una mattina* furono quasi interamente girati a Londra e anche stavolta le sigle, iniziale e finale, furono filmate nei luoghi più popolari della capitale britannica, dalla City a Carnaby Street, nel tentativo, egregiamente riuscito secondo me, di metterne a confronto le due facce, tradizionale e moderna, con da una parte gli ingessati uomini d'affari in giacca e bombetta e gli impettiti soldati della Regina, e dall'altra i coloratissimi esponenti della gioventù londinese dell'epoca, ragazzi con lunghe basette e floride barbe e ragazze con vertiginose minigonne, mentre tra la folla si intravedevano i vari personaggi del giallo, sulle note delle musiche di Gigi Cicchellero (sua anche la canzone della sigla finale *Un impermeabile bianco*, scritta con D'Anza e cantata da Paola Orlandi).

Ma anche nelle scene in interni, girate come di consueto negli studi RAI, D'Anza, con la puntuale collaborazione dello scenografo Sergio Palmieri e del costumista Ezio Altieri, si sforzò diligentemente di ricostruire l'atmosfera vivace della *swinging London* di quegli anni, con l'allestimento di ambienti tipici come locali notturni, studi fotografici e modernissimi appartamenti arredati secondo la moda del momento, e capi d'abbigliamento, parrucche e acconciature, esibiti dalle protagoniste femminili, Luisella Boni, Giuliana Lojodice e Marina Berti, e dalle altre bellissime modelle che appaiono nella storia.

Singolare poi la trovata di non inserire i titoli in sovrimpressione nella sigla iniziale, ma di farli recitare ad una voce narrante. Ma come vedremo, sperimentazioni insolite nelle sigle dei gialli di Durbridge saranno impiegate anche successivamente.

Anche di *Giocando a golf una mattina* è disponibile un'edizione DVD di RAI-ERI.

5. *Un certo Harry Brent* (1970)

SCHEDA TECNICA
UN CERTO HARRY BRENT (1970) (Programma Nazionale TV) 01/11/1970 - 17/11/1970 Puntate 6
Attori principali: Alberto Lupo, Roberto Herlitzka, Claudia Giannotti, Carlo Hintermann, Ferruccio De Ceresa, Marzia Ubaldi
Regia: Leonardo Cortese
Produzione originale BBC: *A Man Called Harry Brent* (1965)
Traduzione: Franca Cancogni - Adattamento: Biagio Proietti

L'ancor più clamoroso successo di *Giocando a golf, una mattina*, con i suoi 15 milioni e centomila spettatori di media, ma con punte di oltre venti milioni all'ultima puntata, aprì la strada a quello che fu il momento d'oro del rapporto tra Francis Durbridge e la RAI. Come una storia d'amore, iniziata dapprima timidamente, e irrobustitasi nel tempo grazie alle continue conferme di un reciproco trasporto, esplose con vigore negli anni a cavallo del decennio 60-70. I fan dei gialli televisivi di Durbridge non dovevano più aspettare anni per vedere un nuovo sceneggiato del loro autore preferito. I tre gialli successivi di Durbridge, infatti, andarono in onda a circa un anno di distanza l'uno dall'altro, e sempre più o meno a ridosso delle feste natalizie, subito prima o subito dopo, come un ulteriore e atteso dono.

Il giallo era ormai un genere molto frequentato sugli schermi di Mamma RAI, e nei dodici mesi che separavano *Giocando a golf, una mattina* dal nuovo sceneggiato, erano stati trasmessi tra gli altri, e tutti in serial di cinque puntate ciascuno: *La donna di cuori* con Sheridan, *I giovedì della signora Giulia*, tratto da un soggetto di Piero Chiara; ma soprattutto *Coralba* di Daniele D'Anza, una grossa coproduzione tra Italia e Germania, una delle prime della RAI che la vedeva associata alla tedesca RPA, e che fu un

43

grandissimo successo, soprattutto qui da noi, grazie anche ad un Rossano Brazzi che ripeteva in pratica il personaggio interpretato in *Melissa*; ma un po' tutta la storia, nonostante fosse ambientata ad Amburgo, ricordava le atmosfere londinesi di quello sceneggiato, tanto che ci fu chi pensò erroneamente che si trattasse di un seguito, e lo stesso Durbridge, informato della trasmissione, volle assicurarsi tramite i suoi rappresentanti legali che non vi fossero gli estremi del plagio. Dubbio che fu facilmente smentito.

Il soggetto di *Coralba* era firmato da Biagio Proietti, un nome che si sarebbe fatto presto largo tra gli autori televisivi degli anni 70, e che conosceremo meglio tra qualche pagina proprio parlando dei prossimi adattamenti italiani di Durbridge, a partire proprio da *Un certo Harry Brent*, il nuovo giallo dello scrittore inglese che fece il suo esordio sulla RAI nel novembre del 1970.

In realtà, in Inghilterra la versione originale era andata in onda nel 1965 col titolo di *A Man Called Harry Brent* (quattordicesimo serial tv di Durbridge), e quindi non si poteva parlare di un copione recentissimo. Di conseguenza ancora una volta al nuovo regista, Leonardo Cortese, che subentrava al veterano D'Anza, si presentava il consueto rischio, incontrato dai suoi predecessori, delle indiscrezioni inopportune sul finale, e con ben cinque anni di storia alle spalle, quel rischio era più presente che mai. Ma Cortese non era un novellino del genere poliziesco, avendo al suo attivo già le ultime due "donne" di Sheridan, e in predicato di concludere per l'anno seguente il poker con *La donna di picche*. Per cui oltre a mettere in opera tutte le più classiche e già collaudate precauzioni per impedire, nei limiti del possibile, che voci incontrollate filtrassero dal set, Cortese utilizzò un nuovissimo accorgimento squisitamente tecnico. Tutte le sequenze-chiave della storia, quelle in cui si rivelava l'identità del colpevole, furono girate in forma "spezzettata", per così dire. Cioè, per confondere ulteriormente le idee agli stessi protagonisti, spesso a distanza di giorni, venivano girati dei primi piani in cui ogni attore diceva le sue battute, in totale isolamento dagli altri; poi i diversi spezzoni venivano rimontati ad arte tra loro, fino ad assumere, ma solo al momento della trasmissione, un senso compiuto. Un lavoro certosino che il regista si assunse al termine delle riprese e che alla fine risultò più spossante della regia stessa. Quindi si capisce come dalle interviste ai vari attori, al di fuori delle scontate dichiarazioni di prammatica, risaltasse l'assoluta incapacità di questi di dare spiegazioni sensate su quello che avevano effettivamente realizzato, e men che meno, naturalmente, farsi scappare, anche involontariamente, il nome del colpevole.

La storia, inoltre, possedeva decise caratteristiche spionistiche, quasi alla 007, con agguati, omicidi, e inseguimenti fra automobili sulle strade di Londra che sembravano fatte apposta per confondere le acque già abbastanza melmose dell'intrigo. E vediamo un rapido riassunto della trama.

Sam Fielding, piccolo industriale di Sevenoaks, un paesino del Kent, viene ucciso a colpi di pistola nel suo ufficio, senza apparenti ragioni, da Barbara Smith, una misteriosa ragazza giunta da Londra col pretesto di un colloquio di lavoro. Subito dopo la donna fugge e si mette in comunicazione con qualcuno che le dà un appuntamento, ma viene inconsapevolmente salvata dall'intervento della polizia che l'arresta un attimo prima che le sparino. L'assassinio getta lo scompiglio nel tranquillo villaggio e sconvolge la vita della giovane Susan Bates, segretaria di Fielding e prossima alle nozze con il proprietario di un'agenzia di viaggi di Londra, Harry Brent. Susan che aveva già dato il preavviso per licenziarsi in vista del matrimonio, si trova di colpo a dovere da sola gestire la ditta lasciata dal defunto, oltre che elaborare il lutto per la morte del suo datore di lavoro a cui era sinceramente affezionata. Intanto l'assassina arrestata si rifiuta non solo di dire le ragioni del suo gesto, ma anche solo di aprire bocca. Di fronte all'ostinato mutismo della ragazza, l'ispettore Alan Milton della polizia locale, ed ex-fidanzato di Susan, si trova costretto ad indagare alla cieca su un delitto apparentemente insensato. Niente infatti legava la vittima alla sua assassina. Invece, con sorpresa, Milton scopre che dei legami sembrerebbero esserci proprio con Harry Brent, il promesso sposo di Susan che, per ovvie ragioni, Alan non vede con simpatia. Brent e la Smith, infatti, hanno viaggiato insieme nello stesso scompartimento sul treno da Londra e, particolare inquietante, Barbara aveva acquistato un mazzo di fiori che ha poi portato sulla tomba dei genitori di Brent al cimitero di Sevenoaks, prima dell'omicidio. I due allora si conoscevano? La cosa sembrerebbe confermata dal fatto che nella borsa della donna viene rinvenuto un biglietto per uno spettacolo teatrale a Richmond, un sobborgo di Londra, per il posto accanto a quello riservato allo stesso Brent. Questa sequela di indizi compromettenti non trova però spiegazioni né da parte di Brent che nega ogni coinvolgimento, né tanto meno da parte di Barbara Smith, perché qualcuno la fa tacere per sempre avvelenandola nella cella del posto di polizia dove è rinchiusa. Prima di morire però la donna sussurra un nome, quello di Harry Brent. Ma questo intricato inizio non è che la punta dell'iceberg di un *plot* in cui si confronteranno servizi segreti, agenti sotto copertura, sicari senza scrupoli e un misterioso Signor X, a capo della sezione inglese di una pericolosa organizzazione internazionale di spionaggio. Naturalmente i cadaveri abbonderanno.

Un certo Harry Brent, fu il primo giallo di Durbridge ad essere girato per gli interni nei nuovi studi di Napoli (che come vedremo assumeranno sempre più rilievo negli anni a seguire), mentre per gli esterni, tutta la troupe si trasferì come era ormai abitudine sui luoghi reali della storia, e cioè nel villaggio di Sevenoaks, a Richmond e a Londra.

L'esordio avvenne ancora di domenica e ancora sul Nazionale, e nuovamente con la formula bisettimanale, andando in onda per l'ultima volta in sei puntate, ogni domenica e martedì alle 21,05 dal 1 novembre 1970, e concludendosi, dopo tre settimane intensissime, il martedì 17 dello stesso mese. Ormai il successo dei gialli di Durbridge sembrava inarrestabile: il gradimento sfondò il muro già altissimo dell'82%, superandolo di un punto, mentre la media di ascolto si attestò a quasi diciannove milioni di spettatori. Contrariamente a ciò che era accaduto sotto la gestione di

Daniele D'Anza, questa volta non fu il regista stesso a collaborare all'adattamento con la solita puntualissima traduttrice Franca Cancogni, ma quel giovane sceneggiatore a cui accennavo qualche pagina fa, Biagio Proietti, che aveva già al suo attivo il grande successo di *Coralba*, in quello stesso anno, e che venne incaricato di intervenire sul copione di Durbridge per trasformare i sei episodi originali di mezz'ora scarsa in altrettanti episodi di durata doppia, allungando le scene, moltiplicando i dialoghi, ed approfondendo le psicologie dei personaggi.

Ma *Un certo Harry Brent*, si differenzia da molti altri *scripts* di Durbridge per la dimensione umana che riesce a dare al poliziotto che conduce l'inchiesta, e che ne è anche il vero protagonista, malgrado la presenza nel cast del popolarissimo Alberto Lupo, indimenticato dottor Manson de *La cittadella*, che da anni faceva strage di cuori tra le telespettatrici italiane di ogni età, e a cui toccò il ruolo dell'avvenente ma ambiguo Harry Brent. L'ispettore Alan Milton, qui interpretato dal bravissimo Roberto Herlitzka, non è la solita macchina indagatrice che abbiamo già incontrato in altri gialli di questo autore, e della cui vita poco o nulla si sa, ma un normalissimo essere umano, un semplice funzionario di polizia così ostentatamente grigio e banale che non ti volteresti mai a guardarlo una seconda volta, tanto sembra confondersi con l'ambiente circostante. Guida una macchinuccia quasi fantozziana, e il suo aspetto fa a pugni con quello del suo facoltoso e affascinante rivale in amore. E anche la sua stessa passata relazione con la protagonista femminile della vicenda, Susan Bates, rappresenta un elemento davvero insolito per un copione di Durbridge, che usualmente preferisce concentrare la sua attenzione sul sospettato piuttosto che sul poliziotto di turno. Tanto che, finché non ho avuto modo di vedere lo sceneggiato originale inglese, ero convinto che questo particolare espediente fosse stato ideato da Biagio Proietti, che creerà successivamente per i suoi gialli realistici e minimalisti (tipo *Dov'è Anna?*), proprio dei tipi di *detectives* molto simili. Invece ho dovuto constatare con mia sorpresa che l'elemento in questione era già presente nella storia originale, e che quindi Proietti ha dovuto sicuramente sudare molto meno dei suoi predecessori per dare una dimensione umana al poliziotto protagonista.

Insieme ai già citati Alberto Lupo (che tornerà a Durbridge l'anno successivo), Roberto Herlitzka e Claudia Giannotti, vanno ricordati tra gli altri: Enzo Garinei (il sergente Roy Philips) e Stefanella Giovannini (Barbara Smith), rispettivamente fratello e figlia della premiata coppia del musical italiano, Garinei e Giovannini; e poi Carlo Hintermann (Albert Bates, il fratello di Susan), Valeria Fabrizi (la cantante Sarah Miles, che come tale interpreta anche la canzone della sigla finale, *Un amico*, scritta da lei stessa insieme a Cortese e Rein), Ferruccio De Ceresa e Marzia Ubaldi (i due ambigui coniugi Stone), Carlo Bagno (Sam Fielding) e Walter Maestosi, nella parte di Bryan Finlay, lo spietato sicario dell'organizzazione.

Nell'ottica perfetta del gioco poliziesco, Cortese nei titoli di testa trascurò totalmente i nomi degli interpreti e presentò in video gli attori uno dopo l'altro, nell'ordine di apparizione puntata per puntata, semplicemente con i nomi dei rispettivi personaggi, completando la lista ogni volta con l'inquietante ombra sul muro del misterioso capo dell'organizzazione e colpevole principale, siglato con la dicitura de "Il signor X". Il tutto sulle note di *Roots of Oak*, splendida canzone eseguita dal cantante scozzese Donovan. Purtroppo la suggestione di questa sigla, ogni volta differente perché ogni volta era diverso l'ordine di apparizione dei personaggi e perché ad ogni puntata ne spuntavano di nuovi, si è un po' persa a causa evidentemente del deperimento del nastro originale, che ha costretto i curatori di RAI Teche a sfruttare la sigla della prima puntata anche per due puntate successive (la terza e l'ultima) sciupandone così in parte l'effetto. Per fortuna si sono invece salvati gli splendidi riassunti disegnati, ad opera dell'artista Dino Di Santo, che precedono ogni episodio. Ancora un caso di originale sperimentazione in un giallo di Durbridge.

Normalmente in questa mia disamina dei vari sceneggiati di Durbridge, come ho premesso nell'introduzione, mi guardo bene dal raccontare i finali, anche se ormai dovrebbero essere conosciutissimi da tutti, ma è una specie di accordo non scritto ma non per questo meno vincolante che intercorre tacitamente fra tutti gli appassionati di gialli. In questo caso però dovrò fare almeno parzialmente un'eccezione e prego quindi chi non volesse avere spoiler di saltare il prossimo paragrafo.

Non si può infatti non citare il tragico e inatteso finale (un altro elemento insolito di questo giallo di Durbridge) che vide la morte del protagonista, l'amatissimo Alberto Lupo, *alias* Harry Brent, ucciso imprevedibilmente dal bieco capo dell'organizzazione proprio nelle ultime fasi della storia. In questo particolare caso, contrariamente a quanto ho scritto precedentemente, essere stato il colpevole in un giallo a puntate non poté considerarsi una fortuna. In quanto, a quel che si disse, lo sventurato attore che aveva interpretato la parte dell'assassino divenne odiatissimo dai *fan* di Lupo, tanto da dover cambiare il numero di telefono (ogni giorno riceveva telefonate di insulti da qualcuno che evidentemente era riuscito a conoscere il suo indirizzo telefonico). Che sia stata o no anche questa solo l'ennesima trovata giornalistica intorno ad un programma di successo, fu comunque un peccato che Proietti non abbia utilizzato il finale della versione tedesca dello sceneggiato (trasmessa in Germania tre anni prima), che vedeva Harry Brent solo ferito e non ucciso. Questo aneddoto, anche se non riguarda strettamente il "Durbridge italiano", va raccontato: quando nel 1967 la casa produttrice tedesca WDR, decise di girare una propria versione di *A Man Called Harry Brent*, si era pensato di affidare la parte del protagonista a Joachim Fuchsberger, attore popolarissimo in Germania, molto famoso per essere stato protagonista in un gran numero di film polizieschi, quasi sempre nella parte del *detective* o dell'eroe (interpreterà anche la parte del poliziotto nel *thriller* "all'italiana", *Cosa avete fatto a Solange?*, di Massimo Dallamano con Fabio Testi, grosso successo cinematografico del 1972). A causa di una clausola sul suo contratto, Fuchsberger non poteva "morire" nei film che interpretava, per cui la produzione, realizzando che nello *script* originale

Harry Brent sarebbe stato ucciso, interpellò direttamente Durbridge chiedendogli di cambiare il finale, risparmiando il protagonista. Durbridge fece un po' di resistenza, ma alla fine decise di accontentare i suoi committenti. È curioso notare che nel frattempo Fuchsberger aveva rinunciato al ruolo che era passato ad un altro attore molto meno conosciuto, tale Gunther Hungeheuer, ma ormai la nuova sceneggiatura era approntata e così Hungeheuer si giovò di una clausola contrattuale che non lo riguardava, e Harry Brent sopravvisse all'attentato alla sua vita. Se ciò fosse avvenuto anche nella versione italiana si sarebbero risparmiate un sacco di ambasce sia agli spettatori che al povero "assassino".

Un certo Harry Brent esiste in edizione DVD in un cofanetto RAI-ERI (che purtroppo conserva i difetti nelle sigle d'apertura di cui parlavo prima) ed è presente sulla piattaforma di Raiplay.

Piuttosto è curioso notare come in una replica dello sceneggiato andata in onda nell'estate del 2022 sull'emittente televisiva di San Marino, i titoli di testa delle due puntate incriminate siano tornati ad essere "magicamente" quelli corretti, per cui siamo davanti alla paradossale situazione in cui la RAI, l'emittente televisiva produttrice dello sceneggiato, ha sulla sua piattaforma ancora una versione "incerottata", mentre su quella che è a tutti gli effetti una televisione estera ne esiste una integrale.

6. *Come un uragano* (1970)

SCHEDA TECNICA
COME UN URAGANO (1971)   (Programma Nazionale TV) 28/11/1971 - 12/12/1971   Puntate 5
Attori principali: Delia Boccardo, Corrado Pani, Sergio Rossi, Alberto Lupo, Renzo Montagnani, Adriana Asti
Regia: Silverio Blasi
Produzione originale BBC: *Bat Out of Hell* (1966)
Traduzione: Franca Cancogni - Adattamento: Biagio Proietti

Nonostante il successo che gli sceneggiati gialli di Durbridge avevano sempre riscosso tra i telespettatori italiani, prima di *Un certo Harry Brent* nessuna delle opere dello scrittore inglese era mai riuscita a piazzarsi nella *Top Ten* degli ascolti. Ora, per essere precisi, bisognerebbe specificare che soltanto dal 1965 i dati del Servizio Opinioni venivano comunicati ufficialmente sulle pagine del *Radiocorriere TV*, quindi non dispongo di dati certi sul periodo antecedente, ma è difficile pensare seriamente che i quasi sei milioni de *La sciarpa*, o i quasi quattro di *Paura per Janet*, trasmessi sul da poco nato secondo canale nel 1963, potessero essere riusciti ad entrare in una ideale classifica dei dieci programmi di maggior successo, quando a far la parte del leone erano quasi sempre, oltre all'onnipresente Festival di Sanremo, varietà, giochi a quiz, qualche importante appuntamento sportivo, o in alternativa i grandi sceneggiati tratti dai classici letterari, tutti trasmessi sul Programma Nazionale, che contavano non meno di dodici-quindici milioni di spettatori a testa. Il primo giallo a puntate a riuscire ad entrare in classifica fu, proprio nel 1965, *La donna di fiori* (quello del romanzo pubblicato anticipatamente), diretto da Anton Giulio Majano, prima inchiesta "lunga" del popolarissimo tenente Sheridan, che con i suoi tredici milioni e seicentomila spettatori di media a puntata si piazzò all'ottavo posto in quell'anno, ma partendo dalla posizione di vantaggio di andare in onda di domenica in prima serata e sul Programma Nazionale. Negli anni immediatamente successivi nessuno sceneggiato poliziesco, né Sheridan con le sue altre "donne", né tanto meno *Melissa* o *Coralba* di Daniele D'Anza, riuscirono nell'impresa di dare la scalata alla *Top Ten*. Solo *Giocando a golf, una mattina*, nel 1969, con quindici milioni e centomila giunse a sfiorare la decima posizione, che le fu strappata però sul filo di lana da *I fratelli Karamazov* (da Dostojevskij per la regia di Sandro Bolchi) per soli trecentomila spettatori in più.

Ma nel 1970, finalmente *Un certo Harry Brent* di Francis Durbridge riuscì a sfondare quel muro, apparentemente invalicabile, e con i suoi diciotto milioni e ottocentomila spettatori si piazzò ad un onorevolissimo settimo posto, migliorando di una posizione il risultato ottenuto da Sheridan cinque anni prima e divenendo di fatto il secondo giallo a puntate in assoluto ad entrare nella *Top Ten*, e il primo firmato dallo scrittore inglese che, come vedremo, era destinato a ripetersi.

In quel 1971, che a novembre avrebbe visto arrivare sugli schermi della RAI la sesta versione italiana di un giallo di Durbridge, l'evento mediatico dell'anno a livello di fiction era stato *Il segno del comando*, curioso *mix* tra *detective story* e *ghost story*, diretta dal veterano Daniele D'Anza su un soggetto originale di Flaminio Bollini e Giuseppe D'Agata, che tenne incollato al video il pubblico italiano per cinque domeniche, tra maggio e giugno, nel seguire le avventure del professor Edward Foster (Ugo Pagliai) alla scoperta dei misteriosi segreti soprannaturali celati negli antichi vicoli della Roma sette-ottocentesca e all'inseguimento di un fantasma con le affascinanti fattezze di Carla Gravina. Una storia di reincarnazione e di parapsicologia (molto di moda in quel periodo) che è rimasta un classico tra gli sceneggiati RAI, tutt'oggi di gran richiamo ad ogni nuova edizione in DVD e citatissima in ogni libro o articolo che si occupi di fiction televisiva, ma che, per incredibile che possa sembrare, nonostante l'indubbio successo, non riuscì a piazzarsi nella classifica dei dieci programmi più seguiti dell'anno. Cosa che invece riuscì qualche mese dopo, e più che egregiamente, a *Come un uragano*, il nuovo giallo di Francis Durbridge in onda, per la prima volta in sole cinque puntate, dal 28 novembre al 12 dicembre, alle 21 precise, ogni domenica e martedì sul Nazionale.

La ragione di questa decurtazione di una puntata era dovuta al fatto che nello *script* originale, *Bat Out of Hell*, sedicesimo serial TV di Durbridge, datato 1966, lo scrittore era stato costretto per la prima volta, per un'improvvisa decisione dei dirigenti della BBC, a ridurre le classiche sei puntate da 30 minuti l'una a cinque, contraendo la trama della quinta e della sesta in un'unica puntata, ma come ormai ben sappiamo, le cose funzionavano diversamente in Italia, e quindi anche con la diminuzione di una puntata, restava il problema di rimpinguare adeguatamente la storia per trasformare le due ore e mezzo scarse della serie inglese nelle cinque ore abbondanti della versione italiana. Ancora una volta, sotto l'attenta regia di Silverio Blasi, regista esperto ma esordiente assoluto nel genere poliziesco, Biagio Proietti fu chiamato ad adattare la traduzione di Franca Cancogni, per produrre una nuova sceneggiatura che soddisfacesse le esigenze di durata richieste da un programma di prima serata.

Tuttavia questa volta l'adattamento non si limitò alla semplice aggiunta o all'allungamento di scene e dialoghi, ma vide l'inserimento di un'altra trama nella trama originaria. Infatti, riassumendola a grandi linee, la storia originale scritta da Durbridge così come l'avevano vista gli spettatori dei paesi in cui era andata in onda fino a quel momento, raccontava di un delitto progettato da una donna e dal suo amante ai danni del marito di lei e dei guai in cui i due improvvisati criminali incappano quando il cadavere scompare e qualcuno comincia a ricattarli. Si trattava, come si vede, di un giallo un po' più classico dei soliti di Durbridge, un po' nello stile di *La sciarpa*. Invece gli spettatori italiani si trovarono di fronte ad una storia in cui gli elementi più caratteristici di Durbridge, a base di più o meno vaste organizzazioni criminali e di misteriosi capi senza volto, erano stati reintegrati ed inseriti con tale abilità che i due capi della storia finirono per amalgamarsi perfettamente, anche se l'ultima puntata dovette essere quasi completamente riscritta, lasciando del testo originale praticamente solo l'identità del colpevole e poco altro. Ed ecco un rapido sunto della trama.

Nella immaginaria cittadina di Alunbury, nel Suffolk, il nuovo ippodromo di recente costruzione sta rapidamente diventando un punto di riferimento per gli appassionati di eventi ippici, sollevando l'attenzione di Scotland Yard che ha notato strani e cospicui movimenti di denaro, tanto da sospettare che un'importante organizzazione di scommesse clandestine vi abbia messo gli occhi sopra. A questo scopo da Londra è arrivato l'ispettore Clay, ufficialmente per sostituire il suo collega locale, l'ispettore Booth, in procinto di partire per un periodo di vacanze, ma in realtà per indagare di nascosto sull'ippodromo. Particolarmente sorvegliati sono Ken Harding, un piccolo allibratore del luogo, e Albert Roach, ricco imprenditore edile e proprietario dell'ippodromo stesso. Nel frattempo, apparentemente estraneo a tutto questo, si sta svolgendo un classico dramma famigliare: Diana Stewart, la bella e trascurata moglie di Geoffrey Stewart, l'agente immobiliare di Alunbury, ha intrecciato con il giovane assistente di suo marito, Mark Paxton, una relazione sentimentale, e insieme i due hanno progettato di sbarazzarsi del ricco e avaro coniuge per godersi l'eredità. Un giorno, Paxton, riesce a trascinare con un pretesto Geoffrey in una vecchia e cadente casa, sostenendo che Albert Roach ha intenzione di acquistare il terreno per costruirci un albergo. Lieto di potersi finalmente sbarazzare di una proprietà che credeva invendibile, Geoffrey abbocca e Paxton lo uccide con due colpi di pistola. Secondo il piano previsto, i due complici dovrebbero liberarsi del corpo portandolo in una cava di pietra vicina dove verrebbe per sempre seppellito dalle esplosioni provocate dai lavori in corso. Così in attesa di trasferirlo nella sua ultima dimora, Paxton nasconde il morto nel bagagliaio della sua auto e la parcheggia nel garage di una casa deserta. Ma quando Mark torna per recuperare il cadavere, questo è scomparso. E poco dopo, Diana riceve una telefonata da qualcuno che sostiene di essere suo marito, e che le ingiunge di riconoscere il suo corpo quando verrà chiamata per l'identificazione. Spaventatissima, la donna si confida con l'amante che però si rifiuta di credere che a telefonarle sia stato Geoffrey. Tuttavia il giorno dopo, un corpo sfigurato, ma con gli abiti di Stewart, viene effettivamente ritrovato nella pietraia in cui i lavori sono stati inaspettatamente interrotti, e i due non possono fare altro che fingere di riconoscere il marito di lei. Indagando in coppia sul caso, gli ispettori Booth e Clay annusano subito qualcosa di strano nell'atteggiamento di Diana e Paxton, ma esaminano anche da vicino l'*entourage* di amici e conoscenti degli Stewart, dai coniugi Glenda e Paul Cooper, proprietari di un elegante negozio di lampadari, a Bill Grant, gestore di un parco di auto usate, all'ambigua Kitty Ryan, padrona di un negozio di dolciumi e ficcanaso ufficiale del paese. Seguendo le indicazioni di una nuova telefonata del presunto morto, questa volta ricevuta da Glenda Cooper, Diana si reca ad un appuntamento in una località vicina, Pine Lodge, ma qui trova ad aspettarla Clay, giunto anche lui su una segnalazione anonima, e una brutta sorpresa: il cadavere di Geoffrey è stato ritrovato proprio lì privo di vestiti e morto da almeno due giorni, mentre il corpo da lei identificato sembra essere quello dell'allibratore, Ken Harding. Ora Diana dovrà rispondere a molte difficili domande, ma soprattutto ad alcune che si pone lei stessa: a chi apparteneva la voce dell'uomo che al telefono si è presentato come suo marito? E perché adesso la sua amica Glenda nega di aver mai ricevuto la chiamata di Geoffrey? E che significa la frase "A Diana, entrata nella mia vita come un uragano", fatta incidere da Geoffrey su un portasigarette d'oro, ritrovato nella tasca della sua pelliccia, ma che lei non ha mai visto prima? Altri cadaveri, naturalmente, si aggiungeranno alla lista, collegando presto le due vicende, quella delle scommesse clandestine e quella del piano uxoricida, solo apparentemente slegate.

Dicevo più sopra che fu Proietti, per sua stessa ammissione, ad assumersi la responsabilità di aver aggiunto all'intrigo originale di Durbridge, tutta la trama associata all'ippodromo e alla rete delle scommesse clandestine, e a dare un ruolo di rilievo alla figura dell'imprenditore senza scrupoli Albert Roach, di cui nell'originale veniva soltanto citato un paio di volte il nome senza che mai apparisse nella storia. A questo punto ci sarebbe da chiedersi come mai Proietti non abbia chiesto di apparire come co-autore anziché semplice adattatore, visto il suo più che notevole contributo alla trama originale, e sembra abbastanza strano che apparentemente Durbridge non abbia avuto reazioni alle importanti modifiche che furono apportate alla trama da lui ideata. Ma immagino che gli esatti termini di questa vicenda non li conosceremo mai, a meno che prima o poi dall'archivio di Durbridge, che il figlio Nicholas, sta continuando ad esaminare in cerca di corrispondenza tra suo padre e i traduttori e gli adattatori delle versioni estere delle sue opere (oltre ovviamente i dirigenti delle emittenti che le producevano), non spunti fuori qualche lettera o qualche annotazione che ci chiarisca meglio tutto l'episodio.

Comunque sia, il pubblico premiò lo sceneggiato diretto da Blasi con l'incredibile media di quasi ventidue milioni di spettatori a puntata, e con punte di oltre venticinque nell'ultima. Il miglior risultato di ogni tempo per un giallo alla televisione italiana.

Questi ascolti da finale dei mondiali di calcio fruttarono a *Come un uragano* il podio nella *Top Ten* del 1971 (a tutt'oggi risulta fra le dieci fiction più seguite della storia della televisione in Italia), con un bellissimo terzo posto, subito dietro a *Canzonissima* e alla serata finale del Festival di Sanremo, e davanti a pesi massimi come il *Rischiatutto* di Mike Bongiorno e ad uno dei più famosi sceneggiati di Anton Giulio Majano, *E le stelle stanno a guardare*, tratto da Cronin, con Giancarlo Giannini, Orso Maria Guerrini e Anna Maria Guarnieri, tra gli attori più amati della tv di quel tempo.

Ma anche il giallo di Durbridge poteva sfoggiare un cast di tutto rispetto: Alberto Lupo, dopo *Un certo Harry Brent*, tornava nel ruolo dell'ispettore Clay; la splendida e giovanissima Delia Boccardo (allora appena ventitreenne) era Diana Stewart; Corrado Pani, altro idolo del pubblico femminile dell'epoca, era Mark Paxton; e poi, Renzo Montagnani come Bill Grant, Adriana Asti e Cesare Barbetti nella parte di Glenda e Paul Cooper, Nora Ricci, vecchia gloria del teatro italiano, come la ficcanaso Kitty Ryan, Renato De Carmine come il losco Albert Roach, e lo stesso regista Silverio Blasi si ritagliò una breve parte (breve perché lo fanno fuori già nella prima puntata) nel ruolo dell'allibratore Ken Harding. Aggiungerei anche Gabriella Grimaldi, che appare solo dalla quarta puntata nel ruolo di una ragazza che darà una svolta decisiva al caso, e che è in realtà la sorella di Delia Boccardo.

Girato come di consueto in estate, per poter essere pronto alla messa in onda in autunno inoltrato, tra Roma e, per gli esterni, l'Inghilterra, in particolare Londra e Clare, un villaggio ad un centinaio di chilometri dalla capitale britannica, dove fu ricostruita l'immaginaria Alunbury, *Come un uragano* fu avvolto dalla solita cappa protettiva di mistero sulle riprese che tanto bene aveva funzionato nelle occasioni precedenti a livello mediatico, assicurandosi un elevato grado di curiosità da parte dei giornali e del pubblico.

Non mancò neanche una nuova "inchiesta" del quotidiano *La stampa* che, come in occasione dell'ultima puntata di *Giocando a golf una mattina*, un paio di anni prima, tornò a svolgere un breve sondaggio tra funzionari di polizia di Torino per domandare loro chi ritenessero fosse da arrestare come assassino e tra gli intervistati questa volta un agente della squadra mobile indovinò l'identità del colpevole.

Ma sul set nessuno sapeva chi fosse l'assassino e nessuno poteva essere sicuro di non essere fra le vittime. Con un'unica eccezione: Alberto Lupo, il solo che si sapeva sarebbe giunto incolume alla fine. I suoi fan stavolta potevano stare tranquilli.

A quanto si disse, poi, il finale, e il nome del colpevole, vennero nascosti anche allo stesso regista, che asseriva negli articoli del *Radiocorriere TV* di essere stato affiancato sempre da un funzionario della RAI che gli suggeriva continuamente cosa riprendere, come riprenderla e per quanto tempo. Dovette, come i colleghi che l'avevano preceduto, girare più finali, ma stavolta senza sapere lui stesso quale fosse quello vero, che sarebbe stato deciso e montato sotto la supervisione di questo non meglio identificato funzionario solo a poche ore dalla messa in onda dell'ultima puntata. Se questa fosse solo l'ennesima invenzione dell'ufficio stampa della RAI per acuire la curiosità dei lettori non saprei dirlo, ma non lo escluderei.

Il commento musicale fu affidato a Bruno Nicolai, compositore anche per il cinema e stretto collaboratore di Ennio Morricone di cui aveva diretto tra l'altro le musiche per i film di Dario Argento, che portò appunto echi "morriconiani" nella colonna sonora, tanto che nei momenti di tensione pare di riconoscere le tipiche note stridenti di alcuni temi de *L'uccello dalle piume di cristallo* o *Il gatto a nove code*. Ma anche la regia di Blasi sembra farsi debitrice in più di un momento della lezione argentiana, e più in generale delle atmosfere dei *thrilling all'italiana*, tanto di moda proprio in quegli anni, con insistite soggettive dell'assassino e primi piani sulle sue minacciose mani guantate di nero. Di Nicolai anche *Diana*, la bellissima sigla finale cantata da David King, su immagini caleidoscopiche che ripetono quelle dei quasi inesistenti titoli di testa, ruotando sullo schermo proprio "come un uragano".

Lo sceneggiato è disponibile in un cofanetto DVD edito da RAI-ERI.

7. *Lungo il fiume e sull'acqua* (1973)

SCHEDA TECNICA
LUNGO IL FIUME E SULL'ACQUA (1973) (Programma Nazionale TV) 13/01/1973 - 27/01/1973 Puntate 5
Attori principali: Sergio Fantoni, Renato De Carmine, Giampiero Albertini, Daniele Formica, Laura Belli
Regia: Alberto Negrin
Produzione originale BBC: *The Other Man* (1956)
Traduzione: Franca Cancogni - Adattamento: Biagio Proietti

Nei primi anni 70 soffiavano venti di rinnovamento sull'Italia televisiva. L'ormai ventennale esclusiva per i servizi radiotelevisivi della RAI stava per scadere, e mentre alle frontiere di lì a poco si sarebbero affacciate le prime "TV estere", così definite popolarmente: TeleMonteCarlo, che nel tempo sarebbe diventata l'attuale La7, TeleCapodistria, e la TV Svizzera (queste ultime due ricevibili solo nel centro-nord del paese), che trasmettevano in lingua italiana, già a settembre del 1972 un'emittente privata di casa nostra, TeleBiella, iniziava le sue trasmissioni con una certa regolarità. Insomma, si stava cominciando ad avvertire una certa aria di novità e, anche se in concreto non sarebbe avvenuto niente di rilevante ancora per un po', avrebbe portato alla fine alla cosiddetta "Riforma della RAI", che avrebbe cambiato profondamente il modo di fare e vedere televisione nel nostro paese.

Ma le novità non sarebbero state solo amministrative, e proprio il 1972 rappresentò, consapevolmente o no, un punto di svolta per la fiction alla RAI, che con *A come Andromeda* si aprì ad un genere nuovo per gli sceneggiati, la fantascienza, che porterà negli anni risultati interessanti ma discontinui. Diretto da Vittorio Cottafavi, *A come Andromeda* fu interpretato da Luigi Vannucchi, Paola Pitagora e Tino Carraro, tra gli altri, e tradotto e adattato da Inisero Cremaschi, su un copione televisivo inglese firmato da Fred

Hoyle e John Eliot, con una tecnica molto simile a quella utilizzata per gli sceneggiati di Durbridge.

Anche il giallo, però, aspirava a rinnovarsi, cercando, ad esempio, nuovi sbocchi in due storie di Friedrich Dürrenmatt, *Il giudice e il suo boia* e *Il sospetto*, dirette da Daniele D'Anza, entrambe trasmesse in due puntate, con Paolo Stoppa nella parte del problematico e angosciato commissario Barlach, che trasformavano la classica *detective story* in un claustrofobico racconto esistenzialista. Questi due brevi sceneggiati risultarono importanti perché preannunciavano un nuovo modo di fare giallo in tv. I nuovi autori che crescevano alla RAI, registi e sceneggiatori, ispirati dal cinema soprattutto europeo della fine degli anni 60, rifuggivano i "generi", guardati per lo più con sospetto, se non con disprezzo, e se proprio dovevano affrontarli volevano farlo da un nuovo punto di vista. Nel caso del giallo, queste nuove leve davano il bando al poliziotto "tutto d'un pezzo", quella macchina investigativa che aveva la sola funzione di svolgere indagini e smascherare assassini, rifiutando in pratica la struttura tipica del racconto poliziesco (delitto-indagine-soluzione), per concentrarsi di più sui personaggi che, secondo loro, dovevano smettere di essere semplici pedine di un gioco studiato a tavolino, e diventare esseri umani reali, con tutti i pregi e tutti i difetti della natura umana. Destrutturare l'impianto poliziesco classico significava anche, proprio come nella realtà, perdere la certezza che ogni enigma trovasse una spiegazione. Nei nuovi gialli, le indagini procedevano a fatica, la soluzione era incerta, e gli assassini, ammesso si riuscisse ad identificarli, o risultavano poveri disperati più vittime che colpevoli, o addirittura riuscivano a sfuggire alla legge perché protetti da "poteri forti" che ne assicuravano l'immunità. Insomma, questa nuova filosofia di giallo, che potremmo definire "neorealista", strappava il genere al mondo della fantasia, dove la giustizia finiva sempre per trionfare, per precipitarlo nella realtà di tutti i giorni, in cui sappiamo bene che raramente questo avviene.

E uno di questi nuovi autori era proprio Biagio Proietti, che segnò un po' il confine tra i due modi di pensare il giallo, l'antico e il moderno. Avendo iniziato la sua carriera in RAI scrivendo gialli a puntate di impianto classico, che fossero di sua mano (*Coralba*), o adattamenti di opere altrui, come appunto i gialli di Francis Durbridge, in cui come abbiamo visto e vedremo ancora inseriva anche elementi propri con grande disinvoltura, Proietti amplierà poi negli anni il discorso fino ad arrivare nel 1976 a *Dov'è Anna?*, forse la sua opera più conosciuta e ricordata come autore televisivo, in cui le indagini sulla scomparsa di una donna si sviluppano attraverso sette puntate, piene di errori, di false piste, di vicoli ciechi, proprio come quelle che si svolgerebbero nel mondo reale, e proprio come quelle, facendo temere che non trovino mai uno sbocco risolutivo. E quando alla fine il mistero si dissolve, non c'è catarsi, nessuna soddisfazione, resta solo l'amarezza; e il commissario Bramante (Pier Paolo Capponi) si lascerà sfuggire una frase emblematica: "Era tanto tempo che non risolvevo più un caso, che avevo dimenticato quanto possa essere terribile la verità."

Nel 1972, questi movimenti sono ancora in embrione, ma probabilmente non può considerarsi un semplice caso il fatto che, quasi in contemporanea, due pilastri del giallo televisivo più classico della RAI che avevano tenuto compagnia al pubblico almeno per un decennio e oltre, vengano "pensionati" forzatamente proprio in quell'anno. Mentre il commissario Maigret, interpretato da Gino Cervi per 34 episodi, suddivisi in quattro cicli di grande successo, con *Maigret in pensione* finisce davvero per ritirarsi a vita privata, l'altro baluardo del poliziesco autoctono, il tenente Sheridan, al secolo Ubaldo Lay, nato addirittura alla fine degli anni 50 col gioco a quiz *Giallo Club*, fa appena a tempo a smascherare il suo ultimo colpevole in *La donna di picche*, che chiudeva il suo *poker* di donne, prima di essere abbattuto da un colpo d'arma da fuoco il 7 aprile del 1972, dopo 13 anni di successi, lasciando il suo pubblico nel dubbio se fosse morto o no. (Dubbio che verrà risolto solo molti anni dopo, nel 1984, in una maniera insolita: facendolo riapparire vivo e vegeto, anche se un po' piegato dagli anni, in una miniserie in cui veniva chiamato ad un'*Indagine sui sentimenti*, come appunto recitava il titolo, una specie d'inchiesta a metà tra fiction e realtà sull'amore e sui rapporti umani, ed è qui che all'inizio della prima puntata racconta di come fosse sopravvissuto sia pure per un pelo alla pallottola, dovendo però rinunciare alla professione di poliziotto, riciclandosi come detective privato.) A questi potremmo aggiungere il Nero Wolfe del grande Tino Buazzelli, che aveva però risolto il suo ultimo caso nel 1971. Comunque sia, la scomparsa di queste colonne del giallo, in un periodo di tempo relativamente breve, segnò un momento importante per la fiction in Italia, e fece capire che un'epoca, e con essa un certo modo di fare televisione, stava chiudendosi.

Anche per Durbridge il 1972 rappresentò una svolta. Venne infatti girato quello che sarà l'ultimo degli sceneggiati "lunghi" ricavati dai copioni dello scrittore inglese, cui seguirà una pausa che terrà il nome di Durbridge lontano dagli schermi della RAI in prima serata (repliche escluse) per quasi tre anni e mezzo, ma anche quando vi tornerà non sarà più la stessa cosa. D'altro canto anche nella stessa Inghilterra, i serial televisivi di Durbridge si facevano sempre più rari. Dopo averne realizzati 16 tra il 1952 e il 1966, negli anni successivi fino al 1980, l'anno in cui chiuderà la sua carriera di autore televisivo per dedicarsi con più impegno al teatro, lo scrittore fornirà alla BBC solo tre nuovi copioni (di cui uno riciclato in parte da un suo vecchio lavoro).

Va comunque anche ricordato che tra il 1969 e il 1971, la BBC produsse, in collaborazione con la Taurus Film di Monaco, una casa di produzione dell'allora Germania Ovest, due stagioni, divise in altrettante *mid-season*, di una serie di telefilm intitolata *Paul Temple*, con protagonista il personaggio di Francis Durbridge nato per la radio circa trent'anni prima, ma ancora popolarissimo. Dei 52 episodi totali, la RAI ne trasmise solo diciassette, in maniera peraltro molto discontinua tra l'ottobre del 1972 e il novembre del 1973, ma si trattava di storie che restavano piuttosto distanti da quelle tipiche di Durbridge, e a cui questi fu accreditato solo come creatore del personaggio. (Ma di tutto ciò parleremo più approfonditamente nell'appendice dedicata a questa serie di telefilm.)

Intanto il nuovo sceneggiato RAI, girato come di consueto in piena estate e presentato su tutti i giornali con il titolo di lavorazione *L'altro uomo* (fedele traduzione dell'originale *The Other Man* del 1956, il settimo serial televisivo di Durbridge e il più "antico" realizzato fino ad allora in versione italiana), con la traduzione della solita fedelissima Franca Cancogni e l'adattamento per l'ultima volta di Biagio Proietti, fu affidato ad Alberto Negrin, un giovane all'esordio come regista di un giallo televisivo. Negrin, che dirigerà negli anni a seguire opere importanti per la RAI, come *Il picciotto* (1973), con un Michele Placido alla sua prima prova da protagonista, *Io e il duce* (1985), che ricostruiva gli ultimi anni di Mussolini, con Susan Sarandon e Anthony Hopkins, e il *kolossal* internazionale *Il segreto del Sahara* (1987), solo per citarne alcuni, aveva una formazione cinematografica e documentaristica e la utilizzerà in modo originale nella storia di Durbridge, realizzando di fatto più che uno sceneggiato, un vero e proprio *TV movie*.

La storia era stata scelta fra un gruppetto di titoli proposti dagli agenti di Durbridge alla RAI: un altro testo del 1956 *My Friend Charles* e uno del 1963 *The Desperate People*, entrambi scartati perché la Mondadori aveva già pubblicato nella sua collana gialla le *novelization*, e il recentissimo *The Passenger*, appena dell'anno prima, che però non aveva soddisfatto i dirigenti. Alla fine la scelta cadde appunto su *The Other Man*.

Ma riassumiamo prima per sommi capi la vicenda, che prende le mosse dal ritrovamento sull'*Happy Time*, una casa battello sulle rive del Tamigi, ad Hampton, una cittadina a pochi chilometri da Londra, di un cadavere dal volto sfigurato. Il corpo viene identificato per quello di Paolo Morani, uno scienziato italiano residente in Inghilterra. La barca sulla quale è stato rinvenuto appartiene ad un certo James Cooper, di cui però nessuno sembra avere notizie da parecchi giorni. Interrogando le persone presenti quel giorno nelle vicinanze della casa battello, l'ispettore Ford, un poliziotto rimasto vedovo, che ha lasciato la grande città per trasferirsi insieme al figlio adolescente Roger in un posto più a sua misura, incontra Katherine Sheldon, la nipote del medico locale, in vacanza presso lo zio, che afferma di aver visto scendere dalla barca un uomo che si è poi allontanato su una macchina passata a prenderlo. La ragazza non sa chi sia ma ritiene di poterlo riconoscere se lo rivedesse. Ed è quel che accade, quando durante una partita a tennis con lo zio nel *campus* dell'università locale, riconosce nel professor David Henderson, stimato docente dell'ateneo, proprio l'uomo che ha visto scendere dall'*Happy Time* il giorno della scoperta del delitto. La dichiarazione della ragazza, molto sicura di sé, mette in grave imbarazzo l'ispettore Ford che ha con Henderson un grosso debito di gratitudine per aver consentito a suo figlio di accedere al college grazie ad una borsa di studio, nonostante le loro precarie condizioni finanziarie. Ford all'inizio non vorrebbe crederci, ma gli indizi a carico del professore si accumulano sempre più e l'atteggiamento contraddittorio di questi che gli mente a più riprese non aiuta di certo. Coadiuvato fuori dell'ufficialità nelle indagini dal cognato Bob Marshall, ex poliziotto ora datosi alla carriera di pubblicitario negli Stati Uniti, e momentaneamente tornato ad abitare con i parenti per una breve vacanza, Ford incontrerà altri personaggi, come la bella Billie Reynolds, che abita nel battello accanto a quello del delitto, lo *Xanadu*, e che potrebbe aver visto molto, ma che per motivi suoi ha deciso di tenerlo per sé; Ralph Merson, il riccone locale, che per nascondere una sua relazione con la stessa Billie si confida in segreto con Ford; oltre all'ambizioso giornalista Robin Craven all'eterna ricerca dello *scoop* della vita. Alcuni nuovi delitti confonderanno ancora di più il già confusissimo ispettore, che se la dovrà vedere con intrighi internazionali e scontri tra organizzazioni spionistiche, ben lontani dal suo placido mondo di poliziotto di provincia.

Anche se come dicevo girato nell'estate del '72, la trasmissione del nuovo giallo che, abbandonato il titolo di lavorazione, fu ribattezzato, in omaggio al tema ricorrente del fiume su cui si svolge gran parte della vicenda, *Lungo il fiume e sull'acqua*, venne posticipata al gennaio dell'anno dopo e andò in onda in cinque puntate, in appuntamento bisettimanale al sabato e martedì, dal 13 al 27 gennaio 1973 alle 21. Nel cast, ci sono tra gli altri. Giampiero Albertini, perfetto nel ruolo dell'ispettore Ford, Sergio Fantoni come il professor Henderson, Laura Belli come Katherine Sheldon, Renato De Carmine come Bob Marshall, Francesco Carnelutti come Robin Craven, Franco Graziosi come Ralph Merson, e Nicoletta Machiavelli come Billie Reynolds. Nella parte di Roger, il figlio dell'ispettore Ford, troviamo poi un giovanissimo Daniele Formica, ancora lontano dall'immagine di attore comico e di cabaret che si sarebbe data negli anni seguenti.

Il copione di Durbridge, per altro piuttosto datato, essendo stato scritto circa un quindicennio prima, venne attualizzato e ampliato da Proietti che, come in quelli precedenti, allungò scene e dialoghi, inserendo molti elementi che nel testo originale erano solo accennati, ricostruendo rapporti e parentele tra i personaggi, con l'aggiunta di morti e perfino di un ulteriore finale che, quando tutto sembra concluso, smaschera negli ultimissimi minuti dell'ultima puntata il doppio gioco di un complice "nascosto" del colpevole, ribaltando completamente l'originale lieto fine di Durbridge. Inoltre si cambiò l'intrigo alla base della storia che da spionaggio politico in clima di guerra fredda si trasformò in spionaggio industriale su una formula per la desalinizzazione dell'acqua marina. Quindi ancora una volta Proietti intervenne pesantemente sulla trama originale di Durbridge. Nei giorni seguenti alla trasmissione dell'ultima puntata ci furono anche programmi radiofonici che si occuparono dello sceneggiato, con opinioni del pubblico e di addetti ai lavori, e ci fu chi lo criticò anche aspramente, evidentemente deluso del finale, ma anche dal movente che ad alcuni sembrò poco congruo per giustificare tanti omicidi, sparizioni ed intrighi. Tuttavia non risulta che Durbridge o chi per lui sia intervenuto nel dibattito.

Purtroppo uno sciopero dei lavoratori tipografici, proprio nel periodo della trasmissione, impedì un'uscita regolare del *Radiocorriere TV*, distribuito per diversi numeri incompleto nei servizi e nell'impaginazione, rendendo oggi piuttosto lacunose le notizie intorno a questo sceneggiato. Non si hanno infatti voci di tripli finali o di copioni chiusi in cassaforte ed estratti solo all'ultimo momento, né tanto meno di funzionari addetti a sorvegliare le riprese. Questo non significa che non ci siano stati, forse lo sciopero cancellò i servizi che le avrebbero raccontate, infatti non è che l'interesse da parte della stampa sugli sceneggiati di Durbridge (o sui gialli a puntate in genere) si fosse spento. *La Stampa* di Torino ad esempio uscì con più di un articolo man mano che le puntate si dipanavano, prospettando le possibili alternative sull'identità del colpevole. Ma in generale l'impressione è che la cosa non suscitasse più tra il pubblico la curiosità di una volta. Anche i giornali stavano mutando atteggiamento verso eventi televisivi che non avevano più la risonanza di un tempo. Non solo, erano anche cominciate su alcuni quotidiani delle campagne di aperta critica agli "sprechi" della TV di stato nella produzione di spettacoli, che fossero di varietà o di fiction, che costavano enormi quantità di denaro. I tempi stavano decisamente cambiando. Le crisi economiche ed energetiche che avrebbero funestato gran parte del decennio cominciavano ad intravedersi all'orizzonte. Le reazioni di stupore quasi fanciullesco davanti alle sontuose scenografie e alle esibizioni di lustrini e *paillettes* degli anni 50 e 60 entravano in archivio per sempre, lasciando il posto ad uno spirito più critico e perfino polemico da parte della stampa del settore.

Nel campo degli sceneggiati, le critiche riguardavano anche le sempre più costose trasferte all'estero che, come abbiamo visto, in particolare nei gialli di Durbridge, erano diventate frequentissime. E ovviamente, in questo, *Lungo il fiume e sull'acqua* non faceva eccezione. Anzi, la regia molto cinematografica di Negrin usò con grande dovizia di mezzi i consueti esterni inglesi, da Londra a Liverpool, passando per la cittadina di Hampton sulla riva del Tamigi, a sud della capitale, dove vennero girate la maggior parte delle scene in esterno. Negrin utilizzò, inoltre, una tecnica molto innovativa all'epoca. Sfruttando la sua esperienza di documentarista e di regista di film-inchiesta, fece un largo utilizzo di telecamera a mano, seguendo gli attori nelle strade, per i viali del *campus*, o i corridoi del *college*, in lunghi piani sequenza, e riprendendo in primissimo piano i volti dei protagonisti (soprattutto i bravissimi Fantoni e Albertini), scavando nei loro tratti le emozioni dei personaggi, soffermandovisi spesso anche quando a parlare erano i loro interlocutori, quasi a spiarne le reazioni.

Questa nuova e singolare tecnica di racconto televisivo spiazzò dapprincipio i telespettatori, abituati a metodi di ripresa più ortodossi, che finirono comunque per premiare con ascolti record anche quest'ultimo giallo di Durbridge, che con una media di quasi ventuno milioni a puntata arrivò addirittura al secondo posto della *Top Ten* dei programmi più seguiti del 1973 (e insieme a *Come un uragano* resta tuttora fra le dieci fiction più seguite nella storia della televisione italiana). Ma segnaliamo anche i diciassette milioni di media che seguirono alcuni telefilm della serie *Paul Temple*, trasmessi in prima serata sul Programma Nazionale e che fruttarono un più che rispettabile nono posto, portando il nome dello scrittore inglese per ben due volte in classifica nello stesso anno.

Della colonna sonora, resta soprattutto nella memoria ancora oggi la bellissima *Vincent*, canzone scritta ed eseguita da Don McLean, che sulle sue dolci note accompagnava le quasi poetiche immagini della sigla iniziale e quelle dei titoli di coda, entrata nelle orecchie e nei cuori della gente, al punto da conquistare per settimane la vetta della *Hit-Parade*; ma non sarebbe giusto dimenticare gli affascinanti temi musicali composti da Roberto De Simone, studioso appassionato di musica folkloristica (e tra i fondatori della Nuova Compagnia di Canto Popolare), ispirati ad antichi motivi tradizionali che riempivano di eco suggestive la vicenda.

Anche *Lungo il fiume sull'acqua* è disponibile in un'edizione in cofanetto DVD della RAI-ERI, ed è inoltre presente sulla piattaforma di Raiplay.

8. *A casa una sera ... (1976)*

SCHEDA TECNICA
A CASA UNA SERA ... (1976) (Rete 2 TV) 23/09/1976 - 24/09/1976 Puntate 2
Attori principali: Nino Castelnuovo, Enrica Bonaccorti, Grazia Maria Spina, Lia Tanzi, Giampiero Bianchi, Ugo Cordea
Regie: Mario Landi
Produzione teatrale originale: *Suddenly at Home* (1971)
Traduzione Franca Cancogni - Adattamento Mario Landi

Nell'estate del 1973, i fans italiani di Durbridge che ormai si erano abituati da quattro anni ad avere notizie in quel periodo dell'anno di qualche nuovo sceneggiato in preparazione, dovettero restare molto delusi. L'estate passò, e passò anche l'autunno senza che nessuna buona nuova giungesse dai soliti canali, *Radiocorriere TV* o altri settimanali del settore. Certo i gialli, in quell'anno e in quello successivo, non mancarono: dall'esordio del *police procedural*, *Qui Squadra mobile*, di Anton Giulio Majano, tratta da romanzi e racconti di Felisatti e Pittorru, una nuova coppia di giallisti, che con la vecchia serie degli anni 50, *Pronto, Polizia*, è un po' la progenitrice di tutte le moderne fiction su squadre o distretti di polizia che si sono poi avvicendate negli anni a seguire sia sulla RAI che su Mediaset, ma che a differenza di quelle era perfettamente inquadrata in un contesto realistico, proprio come richiedevano i canoni del "nuovo giallo", a *Serata al Gatto Nero*, di Mario Landi (regista di tutti i Maigret con Gino Cervi, compreso un episodio girato per il cinema), su soggetto dei veterani Casacci e Ciambricco, ormai orfani del tenente Sheridan, che imbastirono questo curioso giallo in due puntate, a metà tra sceneggiato e varietà, con numeri musicali che si alternavano ai momenti di fiction, a *Ho incontrato un'ombra*, di Daniele D'Anza, sceneggiatura del solito Biagio Proietti, oggi ricordato soprattutto per la splendida colonna sonora del maestro Pino Calvi, all'arrivo di due personaggi classici del poliziesco ante-guerra, uno nostrano, *Il commissario De Vincenzi* di Augusto De Angelis, per la regia di Mario Ferrero, e un'altro giunto dritto dritto dall'America proibizionista e *dandy* degli anni '20, *Philo Vance* di S.S.Van Dine, diretto da Marco Leto, interpretati rispettivamente da due leoni della tv e del teatro come Paolo Stoppa, che dopo il commissario Barlach di Dürrenmatt tornava al ruolo piuttosto insolito per lui di poliziotto, e il grande Giorgio Albertazzi, che fecero rivivere, ciascuno per tre storie di due puntate l'una, ai cultori del giallo classico quella vecchia familiare atmosfera che sembrava già archiviata dai tempi nuovi.

E la lista si allunga se ci aggiungiamo *Ritratto di donna velata* di Flaminio Bollini, (co-autore del celeberrimo *Il segno del comando*), e *La traccia verde* di Silvio Maestranzi, oltre al già citatissimo *Dov'è Anna?* diretto da Piero Schivazappa, su soggetto e sceneggiatura di Biagio Proietti in coppia con la moglie Diana Crispo. Ma fino alla primavera del 1976 nessuna notizia di Francis Durbridge in tv. Unico modo di lenire l'attesa per i "durbridgiani" di ferro che non si perdevano un passaggio del loro idolo fu il serial radiofonico *La ragazza scomparsa,* con Alberto Lupo nel ruolo di Paul Temple, trasmesso in dieci puntate sul Secondo Programma Radio nel febbraio 1975, di cui parleremo più in dettaglio nella seconda parte di questo libro.

Ma nell'aprile del 1976, mentre la TV di stato era ormai in piena riforma (cambiavano i vertici, stava per arrivare una terza rete e i tre canali avrebbero assunto le denominazioni di Rete 1, Rete 2 e Rete 3, finendo rispettivamente ognuno sotto l'egida dei tre partiti maggioritari, DC, PSI e PCI, in quella che sarà chiamata la "lottizzazione della RAI"), i fedeli lettori del *Radiocorriere* trovarono quello che era poco più che un trafiletto, dal titolo decisamente curioso: *Durbridge all'ombra del Vomero.*

Nelle sue poche righe, l'anonimo redattore annunciava la produzione di un nuovo giallo televisivo di Durbridge in arrivo nei mesi seguenti sui canali RAI che si sarebbe intitolato *La bambola*, e spiegava, quasi con un sottile senso di soddisfazione, come questa volta non ci fossero da affrontare trasferte in Inghilterra, dato che la vicenda si sarebbe ambientata totalmente a Napoli e zone limitrofe.

Infatti i nuovi vertici della RAI, avevano deciso di dare un taglio ai costi e alle conseguenti critiche che provocavano sui media. Quasi tutti gli ultimi gialli erano stati girati per le scene in interni negli studi di Napoli, quindi tanto valeva, attraverso alcuni sapienti rimaneggiamenti delle trame, spostare le storie in quegli stessi luoghi. E così sarebbe avvenuto per almeno i due seguenti sceneggiati di Durbridge, strappati ai caliginosi panorami britannici per precipitarli in quelli assolati del napoletano.

Ma prima di tutto questo, i *fan* italiani di Durbridge avrebbero avuto la possibilità di godersi un'ultima sua storia di ambientazione inglese. Infatti, improvvisamente senza farsi annunciare, sul finire di settembre, approdava sugli schermi della novella Rete 2, *A casa, una sera...*, non un serial questa volta, bensì un'opera teatrale, andata in scena con grande successo a Londra, il cui titolo originale era *Suddenly At Home*, che Durbridge aveva scritto nel 1971, dopo aver chiuso la sua attività radiofonica nel 1967 con *La Boutique*, il suo ultimo serial, peraltro scritto su richiesta, ed interrotto quella televisiva nel 1966 con *Bat Out of Hell*, in favore del teatro, il nuovo interesse che lo avrebbe impegnato maggiormente nei decenni seguenti. Questa attività gli consentiva sicuramente un ritmo di lavoro più tranquillo, senza dover correre dietro ai tempi stretti della radio e della televisione, e più consono alla vita di un flemmatico signore di campagna (con l'aggiunta di alcuni seri problemi di salute che erano sopravvenuti), come l'autore era divenuto in quest'ultima fase della sua vita. In tutto, Durbridge avrebbe scritto una decina di commedie, tutte rigorosamente poliziesche, l'ultima delle quali, *Fatal Encounter*, uscita postuma nel 2002.

A casa, una sera..., diretta da Mario Landi, alla sua prima e unica esperienza con Durbridge, di cui curò anche l'adattamento sulla traduzione dell'immancabile Franca Cancogni, era una versione piuttosto fedele dello spettacolo da cui era tratta, la cui impostazione teatrale, tutta giocata in interni, permise di mantenere l'ambientazione originale inglese, anche se l'intera vicenda era stata girata negli studi RAI di Torino. Trasmessa in due serate consecutive, giovedì 23 e venerdì 24 settembre 1976 alle 20,45, raccontava una storia abbastanza diversa da quelle a cui Durbridge ci aveva abituato. Nessun misterioso assassino da smascherare, nessun complotto a base di bande criminali di ricattatori o spie, ma solo un complicato piano uxoricida esplorato nel suo divenire. Insomma la più classica delle situazioni da "intrigo in famiglia", più nello spirito di un Hitchcock che non del nostro Durbridge. Ed eccone la trama.

La vita coniugale di Maggie e Glenn Howard è solo apparentemente felice. Lei, in seguito alla morte del padre, ha ereditato una fortuna, ma per entrarne in possesso ha dovuto rinunciare alla burrascosa convivenza con Sam, uno scrittore di gialli di non eccelse qualità, che al padre non piaceva, e sposare Glenn. Lui ha un lavoro rispettabile che lo ha reso preferibile a Sam, ma che non gli consente di competere finanziariamente con la moglie, di cui ha un gran desiderio di sbarazzarsi. Ha anche un'amante, Sheila, attrice e amica di Maggie. D'accordo con Sheila, Glenn organizza quello che sembra un delitto perfetto. Fissa un falso appuntamento dal parrucchiere per la moglie, la soffoca con un cuscino, poi l'affonda con la macchina in uno stagno presso la casa di Sam, inscenando un incidente. Sheila, fingendosi Maggie, dovrà poi telefonargli a casa, dove lui avrà procurato la presenza di un testimone, il medico di famiglia, nel momento della chiamata della "moglie". Ma mille imprevisti complicano l'attuazione del piano: una telefonata inattesa, la cognata Helen che piomba in casa mentre il cadavere è ancora sul divano, il medico costretto a disdire l'appuntamento, Sam che si rivolge alla polizia, Sheila che ha una reazione pericolosa in presenza di testimoni. E benché Glenn, con incredibile sangue freddo, riesca a far fronte a tutto, dovrà sudare molto più di quanto immaginasse per cercare di sviare i sospetti dell'ispettore Happleton e più ancora del sorprendente sovrintendente Remick di Scotland Yard, un investigatore il cui intervento non era previsto nel suo "delitto perfetto".

Il cast era composto da Nino Castelnuovo (Glenn), Enrica Bonaccorti (Maggie), Lia Tanzi (Sheila), Giampiero Bianchi (Sam), Grazia Maria Spina (Helen), Tommaso Bartorelli (Happleton) e Ugo Cordea (Remick).

Va aggiunto che per questioni tecniche i dati del Servizio Opinioni per gli anni dal '75 al '79 risultano incompleti e non è di conseguenza possibile dare le percentuali di gradimento, o le medie di spettatori a puntata né per questo, né per i successivi sceneggiati di cui ci occuperemo nei prossimi capitoli.

A casa, una sera... non ha mai avuto edizioni DVD, ma una versione completa in entrambe le parti è presente su YouTube.

9. *Dimenticare Lisa* (1976)

SCHEDA TECNICA
DIMENTICARE LISA (1976) (Rete 1 TV) 09/10/1976 - 23/10/1976 Puntate 3
Attori principali: Carlo Enrici, Ugo Pagliai, Yanti Somer, Daniela Guzzi, Paola Gassmann, Marilù Tolo
Regia: Salvatore Nocita
Produzione originale BBC: *The Doll* (1975)
Traduzione e adattamento: Franca Cancogni

Intanto, mentre gli spettatori italiani, appassionati del giallo e di Durbridge in particolare, si gustavano questo inatteso antipasto, il piatto forte, cioè il nuovo sceneggiato, terminate le riprese, passava alla fase di montaggio e post-produzione, pronto ad apparire sugli schermi di Rete 1 (l'ex Programma Nazionale) di lì a poco. E il *Radiocorriere TV* ne dava conferma nel suo numero dei primi di ottobre. Il titolo era diventato *Dimenticare Lisa*, invece de *La bambola*, ma questo, come accennavo prima, non sarebbe stato l'unico cambiamento. Ecco come lo presentava il *Radiocorriere*:

> *"Dimenticare Lisa si differenzia abbastanza dall'originale di Durbridge, molto riscritto e manipolato. [...] Non si tratta del solito giallo con la meccanica ricerca dell'assassino di turno, bensì di una storia criminosa di stampo contemporaneo in cui le spiegazioni e le responsabilità non sono così facili da scoprirsi e da misurarsi fino in fondo."* (dal *Radiocorriere TV* n. 40, datato 3/9 ottobre 1976)

Tutto molto in tema con il nuovo modo di interpretare il racconto poliziesco, tanto caro alla nuova dirigenza RAI, di cui parlavamo in precedenza, ma molto meno in sintonia

73

invece con le tematiche di Durbridge.

Dopo decenni in cui si era sempre ritenuto che il giallo fosse inadatto ai solatii panorami italiani, e gli intrighi delittuosi inscindibili dalle nebbiose strade di Londra o dai tortuosi vicoli di qualche metropoli americana, dapprima timidamente negli anni 60, con i film di Mario Bava (*La ragazza che sapeva troppo*; *Sei donne per l'assassino*), e poi con più decisione nei primi anni 70 con l'arrivo di Dario Argento (*L'uccello dalle piume di cristallo*; *Il gatto a nove code*; *Quattro mosche di velluto grigio, Profondo rosso*) e dei suoi epigoni che formarono un solido gruppo di registi specializzati in film gialli dalle tinte fosche e violente, passati alla storia come "*thrilling* all'italiana", il cinema aveva insegnato che il punto non era dove le storie venivano ambientate, ma come venivano raccontate. Il successo di queste pellicole aprì le porte della televisione allo stesso Argento che nel 1973 portò qualche stralcio dei suoi incubi metropolitani sul piccolo schermo con la breve serie di telefilm *La porta sul buio*. Frenando moltissimo sul sangue e la violenza di cui erano generalmente intrise le sue storie cinematografiche, Argento realizzò, con l'aiuto di alcuni suoi collaboratori di lungo corso, Luigi Cozzi, Alberto Pariante, Mario Foglietti (e firmandone uno lui stesso sotto l'immaginifico pseudonimo di Sirio Bernadotte), quattro telefilm auto-conclusivi di sessanta minuti l'uno, che scossero profondamente con la loro tecnica e la loro crudezza i canoni un po' ingessati del giallo televisivo della RAI. Ma soprattutto fecero capire che se una storia ben confezionata avveniva in un contesto che lo spettatore conosceva bene, poteva ottenere un effetto anche superiore. Un delitto commesso in una qualche lontana città estera rientrava quasi nell'ordine della fiaba, del gioco. Mentre invece uno perpetrato tra le mura di un appartamento romano o milanese, che avrebbe potuto benissimo essere quello della porta accanto, dava al tutto un sapore più inquietante.

E i nuovi autori che crescevano proprio in quegli anni nella RAI colsero al volo la lezione. Da Felisatti e Pittorru con il già citato *Qui Squadra Mobile* e *Albert e l'uomo nero* (regia di Dino Partesano), a Biagio Proietti e Diana Crispo che oltre al solito *Dov'è Anna?*, avevano anche scritto per Daniele D'Anza, *L'ultimo aereo per Venezia* e per Flaminio Bollini *Doppia indagine*, gli anni 70, soprattutto nella seconda metà, furono tutta una riscoperta delle ambientazioni nostrane per il giallo. E che tutto questo ovviamente rientrasse perfettamente in una nuova politica di maggior parsimonia nelle spese non era solo una felice coincidenza. Ma la RAI si spinse più in là, imponendo ambientazioni italiane anche per le vicende scritte da autori stranieri e inserite originariamente in contesti stranieri. A partire proprio da quelle di Francis Durbridge. Non ci sono riscontri da parte dello scrittore di quanto questa decisione potesse averlo più o meno coinvolto, ma dopotutto va ricordato che già in Francia la cosa avveniva da tempo. Oltralpe, infatti, da sempre le storie televisive di Durbridge, tutte adattate e dirette dal produttore e regista di origini marocchine Abder Isker, avevano ambientazioni e personaggi francesi, quindi non è troppo azzardato ritenere che Durbridge, ne fosse informato e non abbia avuto particolari obiezioni.

Comunque la prima storia di Durbridge a subire questa "italianizzazione" fu nel 1976 *Dimenticare Lisa*, tratta da *The Doll* (cioè *La bambola*, come avrebbe dovuto intitolarsi inizialmente) uno *script* in tre puntate, il diciottesimo, che l'autore inglese aveva prodotto appena l'anno prima. A differenza, infatti, dei decenni 50 e 60, in cui la televisione britannica mandava in onda i suoi serial in sei puntate di circa mezz'ora l'una, negli anni 70, la politica aziendale della BBC era cambiata e si era deciso per una compattazione delle storie in tre puntate di un'ora. Già nel 1971, con il suo *script* precedente, *The Passenger* (che come abbiamo visto era stato rifiutato dalla RAI), Durbridge si era trovato a dover concentrare la vicenda in tre capitoli, diluendo sapientemente la *suspense* con un più approfondito scavo psicologico dei personaggi e una migliore preparazione delle situazioni, sicuramente frutto anche del suo rinnovato amore per il palcoscenico. Quindi con *The Doll* non fece altro che affinare ulteriormente questa evoluzione delle sue tecniche di giallista, scrivendo quella che è, secondo me, l'opera migliore del suo ultimo periodo di autore televisivo. Tuttavia la versione italiana, a prescindere dalla differente collocazione territoriale e dai soliti cambiamenti dei nomi dei personaggi, alcuni dei quali stavolta giustificati proprio dalla diversa ambientazione, o delle loro professioni (il protagonista nella storia originale è un editore e non un antiquario), subì delle modifiche che pur non minandone l'impatto nel complesso, diedero soprattutto al finale un'interpretazione piuttosto lontana da quella voluta dall'autore.

Ma esaminiamo rapidamente la trama dello sceneggiato: Peter Goodrich, un antiquario inglese che vive a Napoli dove gestisce una galleria, conosce per caso di ritorno in volo da un viaggio, una ragazza americana, Lisa Carter e se ne sente subito attratto. La simpatia pare reciproca, ma la cosa potrebbe finire lì se casualmente Peter non la incontrasse di nuovo pochi giorni dopo in un garage dove Lisa vuole prendere a noleggio una macchina. L'uomo le offre di utilizzare la sua e fra i due sembra sbocciare qualcosa. Prima da un amico giornalista, Max Finney, e poi dalla stessa donna, Peter apprende che Lisa è rimasta recentemente vedova in drammatiche circostanze. Il marito Norman è infatti caduto in mare dal suo *yacht* durante una traversata nel Mar Tirreno. Lisa gli racconta che Norman era ossessionato dalla passione per le bambole di cui aveva una vasta collezione e che la notte della sua scomparsa, i due avevano avuto un violento alterco perché lei aveva dimenticato di mettere nel bagaglio l'ultima bambola da lui acquistata. Successivamente non trovando il marito da nessuna parte sullo *yacht*, Lisa si era allarmata, finché aveva scoperto terrorizzata una bambola a galla nella vasca da bagno. Il ritrovamento della bambola aveva preceduto solo di poche ore quello del corpo di Norman, morto annegato. L'inchiesta della polizia non aveva portato a nessuna conclusione certa anche se l'ipotesi predominante era quella del suicidio. Lisa pare ancora sconvolta dalla tragedia e sta recandosi per una visita da un caro amico del marito, Sir Arnold Wyatt, un vecchio avvocato inglese in pensione che vive in una villa nei dintorni. Volendo rivedere la donna, Peter le dà in prestito la sua auto, con l'impegno che gliela restituisca al ritorno. Ma Lisa non torna né quella sera, né il giorno dopo, e Peter, che comincia a essere seriamente preoccupato che le sia successo qualcosa, ha la sorpresa di vedersi riportare la macchina dalla polizia. La sua auto infatti è stata ritrovata su una strada deserta col suo indirizzo scritto su un biglietto, ma senza chiavi. Sempre più perplesso e ansioso, Peter decide di recarsi alla villa di Sir Arnold, ma qui lo attende la sorpresa più inattesa: Sir Arnold nega di aver mai conosciuto alcuna persona che rispondesse ai nomi di Norman o Lisa Carter, e tanto meno che quest'ultima sia mai venuta a fargli visita. L'atmosfera nella villa è comunque misteriosa, e nel parco Peter vede aggirarsi una bambina che stringe tra le braccia una grossa bambola. E una bambola dello stesso tipo ritroverà a galla nella vasca da bagno del suo appartamento, poco prima che la polizia venga a prelevarlo per portarlo sul luogo in cui è stato ritrovato il cadavere di una donna, ripescata in mare con nella borsetta le chiavi della sua auto...

E fermiamoci qui per non rivelare altri dettagli della diabolica macchinazione che si nasconde dietro la misteriosa Lisa e la sua scomparsa. Basti dire che di volta in volta nella storia si affacceranno personaggi ambigui e altri forse solo apparentemente amichevoli, come il già citato Max Finney; il non ancora citato ma fondamentale Claude Goodrich, famoso concertista e fratello di Peter; Marino, il proprietario di un negozio di fotografia che stranamente espone nella vetrina una foto di Lisa che poi ancor più stranamente sparisce, sostituita da quella di una sconosciuta; Greta Lehman, l'ambigua e sfuggente governante di Sir Arnold, che pare al corrente di qualche misterioso segreto; lo stesso Sir Arnold Wyatt che potrebbe nascondere più cose di quanto non sembri; e per finire, un certo Colonnello Osborne, di non meglio identificati servizi segreti d'oltre oceano, che pare in possesso di tutte le risposte, e lascia invece dietro di sé più enigmi che soluzioni. Il sinistro tema delle bambole a galla sull'acqua che sembrano spuntare in concomitanza con il ritrovamento di corpi di annegati, rende la vicenda particolarmente inquietante e altri morti si aggiungeranno intorno al povero Peter, per il quale Lisa è ormai diventata un'ossessione, prima che la storia giunga ad un finale che, come accennavo prima, sarà però piuttosto diverso da quello originariamente pensato da Durbridge. Ma di questo parleremo più diffusamente alla fine di questo capitolo.

Così come la versione originale, *Dimenticare Lisa* venne trasmesso in sole tre puntate (ma con una diversa scansione nei finali), mandate in onda in tre sabati consecutivi dal 9 al 23 ottobre 1976 sulla Rete 1 alle 20,45.

Diretto con buon mestiere da Salvatore Nocita, che l'anno prima era stato il regista del fantascientifico *Gamma*, aveva tra gli interpreti Ugo Pagliai (Peter Goodrich), ormai un *abitué* di teleromanzi del mistero (*Il segno del comando*, ma anche *L'amaro caso della baronessa di Carini*, giallo storico diretto l'anno prima dall'infaticabile Daniele D'Anza), ma che faceva ritorno in una storia di Durbridge ben tredici anni dopo *La sciarpa*; e poi Marilù Tolo (Lisa Carter), Carlo Enrici (Claude Goodrich), Yanti Sohmer (Greta Lehman), Luciano Melani (Max Finney), Tonino Cuomo (il fotografo Marino), Lucio Flauto (il commissario Bonetti), Sergio Rossi (il colonnello Osborne), e ultimo, ma non certo per importanza, il grande Emilio Cigoli, doppiatore dei più famosi divi di Hollywood, John Wayne e Gary Cooper in testa, nella parte di Sir Arnold Wyatt.

Sostenuto anche dalle belle musiche di Pino Calvi (con l'aggiunta come sigla finale, e tema di sottofondo alle apparizioni della seducente Lisa *alias* Marilù Tolo, niente di meno che dell'indimenticabile successo degli anni 50, *I Only Have Eyes For You*, nell'esecuzione di Art Garfunkel), lo sceneggiato regge piuttosto bene il cambio di ambientazione, proiettando gli spettatori nell'affascinante intrigo di Durbridge, e facendo subito dimenticare gli insoliti luoghi in cui si svolge. Così a Londra si sostituisce Napoli, e Poole Harbour e Heatherdown nel Dorset divengono la Marina di Seiano e Meta di Sorrento sul litorale campano senza che la storia subisca troppi contraccolpi.

I contraccolpi li subisce invece quando, per motivi non sempre facilmente decifrabili, il meccanismo attentamente regolato da Durbridge viene caricato di elementi estemporanei che poco o nulla hanno a che vedere con la trama originale. Abbiamo già visto come fin dall'inizio i copioni dello scrittore inglese venissero "gonfiati" dagli adattamenti della RAI per raddoppiare la durata delle puntate, da trenta a sessanta minuti, ma lasciando sostanzialmente invariati gli eventi e la loro successione; perfino con gli interventi più invasivi di Biagio Proietti, in anni più recenti, il tutto veniva eseguito con grande abilità, e in qualche caso il testo originale ne usciva perfino migliorato. Qui invece la traduttrice Franca Cancogni, a cui si deve, almeno a quanto dichiarato nei titoli di testa, anche l'adattamento dello *script*, è da ritenere responsabile (se davvero fece tutto da sola) di alcuni "scivoloni" che non trovano molte giustificazioni.

Ne riferirò uno solo, che non coinvolge indizi risolutivi, ma che mi ha procurato parecchie perplessità. Nel finale della prima puntata, Peter torna a casa e vede la porta aperta e le luci accese. Dentro qualcuno sta facendo a pezzi con un rasoio la bambola che aveva trovato nella sua vasca. Primi piani sulle mani di questo misterioso individuo, poi Peter entra ed esterrefatto scopre suo fratello Claude che lo fissa con occhi sbarrati, quasi da pazzo, stringendo in mano il rasoio. Subito titoli di coda e fine della puntata. Emozionante, vero? Peccato, però, che nulla di tutto questo esista minimamente nel copione originale di Durbridge. Si è trattato infatti di una di quelle trovate estemporanee di cui parlavo. Tanto è vero che nella prima sequenza della puntata successiva, i due si fanno una bella risata liquidando la cosa in un battibaleno. Ora c'è da chiedersi quale funzione potesse avere mai una scena del genere. Gettare sospetti anche sull'apparentemente angelico Claude? Ma non ce ne sarebbe stato alcun bisogno, perché avrebbe provveduto successivamente lo stesso Durbridge a farlo, e in modo di certo più sensato. Oppure creare un *cliffhanger*, cioè un colpo di scena *ad hoc*? Anche questa ragione appare discutibile, visto che Peter ha appena scoperto una di quelle funeste bambole nella vasca da bagno di casa sua e subito viene chiamato ad identificare il cadavere di una donna con addosso le chiavi della sua auto. Mi sembra che come *cliffhanger* non ci si potesse lamentare. Insomma, per farla breve, a me sembra solo una trovata assolutamente pretestuosa con l'unico intento di provocare un facile brivido negli spettatori che si sarebbe potuto e dovuto evitare. Come dicevo, non la sola, purtroppo, ma delle altre tacerò perché rivelerebbero particolari importanti della trama.

Un discorso a parte lo merita invece lo scioglimento finale, e qui dovrò fare degli equilibrismi per spiegarmi cercando nel contempo di non svelare troppo, ma è una cosa che va detta. (Naturalmente vale sempre la stessa raccomandazione: chi non vuole sapere, salti il prossimo paragrafo.)

La soluzione confusa e ambigua dello sceneggiato, per molti versi assai insoddisfacente e che lascia tante domande sostanzialmente irrisolte, in realtà è perfettamente in linea con il genere di polizieschi italiani televisivi, cinematografici e letterari dell'epoca. Erano quelli che sarebbero poi stati ricordati come gli "anni di piombo". L'Italia era stretta in una morsa di crimini riconducibili ad organizzazioni politiche estremiste che si ipotizzava avessero legami con servizi segreti italiani e stranieri, mossi da fini eversivi e i cui vertici restavano sempre nell'ombra, cioè la cosiddetta "strategia della tensione". Era fatale che scrittori e sceneggiatori si facessero influenzare. Già nel cinema, titoli come *La polizia ringrazia*, *La polizia ha le mani legate*, *La polizia sta a guardare*, denunciavano a modo loro uno stato che era ostaggio dei cosiddetti "poteri forti" e in cui i poliziotti diventavano, o ciechi strumenti di repressione, o emarginati che invocavano inutilmente giustizia, finendo per cercarla magari attraverso la canna di una pistola. Anche in TV, attraverso le cronache e le inchieste giornalistiche, questa realtà era finita per arrivare, e la fiction era solo il passo successivo. Il finale di *Dimenticare Lisa* è molto probabilmente frutto di questa atmosfera. La presenza nella storia originale di agenti dei corpi speciali della polizia britannica che agiscono in segreto (lo *Special Branch*, una specie di CIA britannica che appare anche in altre storie di Durbridge) fornì il pretesto per inserirci un po' di "dietrologia", insinuando il sospetto che i delitti della vicenda nascondessero in realtà chissà quali interessi occulti, protetti dal denaro e dai suddetti "poteri forti". Tradendo però totalmente Durbridge che è quanto di più lontano da queste cose. Nelle sue storie, di qualunque media si avvalgano, radio, cinema, televisione, teatro o libri, i finali non lasciano mai incertezze. I colpevoli sono sempre chiaramente indicati, e *The Doll* non fa eccezione. Quindi, se avete visto *Dimenticare Lisa* e siete rimasti delusi e/o confusi da come finisce, cercate di procurarvi una copia del Giallo Mondadori n. 1847 del 24 giugno 1984, di non impossibile reperibilità, dove venne pubblicata la versione romanzata dello sceneggiato col titolo *La bambola sull'acqua*. Lì troverete l'autentica soluzione dell'enigma così come l'aveva concepita Durbridge, piena e soddisfacente, e potrete così dare un volto chiaro e definito al vero colpevole che, come capita spesso con Durbridge, è anche alla testa di un'organizzazione internazionale responsabile di una complessa rete a base di ricatti e omicidi.

Di *Dimenticare Lisa* esiste un'edizione in cofanetto DVD della RAI-ERI.

10. *Traffico d'armi nel golfo* (1977)

SCHEDA TECNICA
TRAFFICO D'ARMI NEL GOLFO (1977) (Rete 1 TV) 12/11/1977 - 26/11/1977 Puntate 3
Attori principali: Giancarlo Zanetti, Lorenza Guerrieri, José Quaglio, Renato De Carmine, Norma Jordan, Renato Montalbano
Regia: Leonardo Cortese
Produzione originale BBC: *The World of Tim Frazer* – Serial 1 (1960)
Traduzione: Franca Cancogni - Adattamento: Franca Cancogni, Aurelio Chiesa

Pur avendo creato nel 1938 il personaggio di Paul Temple, protagonista di circa venti serial per la radio e di una dozzina di romanzi (per lo più *novelization* di radiodrammi, ma anche soggetti originali) che gli aveva dato grandissima notorietà, Durbridge preferiva sicuramente scrivere storie senza personaggi fissi. E lo dimostra il fatto che per quella che dall'inizio degli anni 50 e per un trentennio fu la sua attività più assidua, cioè scrittore di serial televisivi, in nessuno della ventina di copioni che produsse apparve mai come protagonista il suo personaggio più celebre. (La serie di telefilm *Paul Temple* realizzata tra il '69 e il '71 costituisce un caso a sé e ne parleremo meglio nell'appendice.)

Tuttavia qualche eccezione ci fu. Ad esempio, nel 1960, Durbridge scrisse, su incarico della BBC, il suo nono copione televisivo, che in realtà era un ciclo di tre storie, divise ciascuna idealmente in circa sei parti per un totale di diciotto episodi (il più lungo serial che la BBC avesse mai prodotto fino ad allora e per molto tempo a seguire), che vennero mandati in onda uno dopo l'altro tra il novembre del '60 e il marzo del '61, e per cui, data la lunghezza, si servì di alcuni collaboratori che lo affiancarono nella realizzazione dei copioni. Perché ho detto "circa"? Perché per tenere agganciata l'attenzione dei telespettatori fu studiato l'originale sistema di non chiudere ogni storia nell'arco dei sei episodi canonici, ma lasciare la soluzione del caso all'inizio dell'episodio seguente. Ad esempio, il colpevole del primo caso non veniva smascherato al termine del sesto episodio, ma all'inizio del settimo; dopodiché cominciava subito una nuova storia. E lo stesso accadeva nel tredicesimo episodio che conteneva sia la conclusione della seconda storia che il principio della terza. Questo espediente per altro fu usato solo nella versione originale inglese del serial che, come dicevo, fu trasmesso interamente senza soluzione di continuità, mentre per i paesi esteri che si interessarono alla produzione per farne una propria versione, Germania per prima, e successivamente Francia e Italia, si preferì optare per rendere autonome le vicende. (Corre comunque l'obbligo di dire che alla fine degli anni 60, l'attore Rossano Brazzi, protagonista come ricorderete di *Melissa*, si era interessato di persona a produrre, con l'ausilio della RAI, la versione italiana dell'intera trilogia di Tim Frazer, a patto che ne fosse lui il protagonista, ma il progetto non arrivò mai alla realizzazione.) Del resto anche le *novelization* delle tre storie, pubblicate a distanza di anni, dovettero essere necessariamente rese indipendenti tra loro. Tutti i diciotto episodi furono trasmessi con il titolo unico di *The World of Tim Frazer*, ma la seconda storia (ep. 7/13) e la terza (ep. 13/18) furono da quasi subito ribattezzate come *Tim Frazer and the Salinger Affair* e *Tim Frazer and the Melynfforrest Mystery* per distinguerle tra loro. (Va aggiunto che per la versione tedesca dell'ultima storia, intitolata *Das Messer*, e cioè, Il coltello, e trasmessa a colori in Germania nel 1971, a molti anni di distanza dalle altre due, Durbridge riscrisse l'intero copione cambiando il finale con un altro colpevole ed anche il nome del protagonista che divenne Jim Ellis.)

L'avventura iniziale, quella adattata in Italia e di cui qui ci occuperemo, si incentrava su un ex-imprenditore ingegneristico, Tim Frazer appunto, che aveva visto fallire la sua ditta, anche a seguito della sconsideratezza di un suo amico e socio, e che per un complesso di circostanze, mentre cercava di rintracciarlo per farsi restituire il denaro che gli doveva, si era imbattuto in una pericolosa vicenda spionistica in cui l'amico sembrava coinvolto, che l'aveva portato a contatto con un certo Mr. Ross, a capo dello *Special Branch* (lo stesso organismo di contro-spionaggio che appare anche in *The Doll*). Sfruttando la sua amicizia con l'uomo che anche lui stava seguendo, Ross "arruola" un po' a forza Frazer nel suo gruppo per la missione in corso, ma al termine di questa lo stesso Frazer deciderà di restare come membro effettivo, collaborando alla soluzione di altri due casi nelle storie successive della serie: appunto *The Salinger Affair* (uno dei migliori *script* di Durbridge che è un vero peccato che in Italia non si conosca), e *The Melynfforrest Mystery*. Pur avendo personaggi ricorrenti, il protagonista, Tim Frazer, e Mr. Ross per primi, e nonostante l'intersecarsi della fine e dell'inizio delle trame nella versione originale, come dicevo più sopra, le storie potevano assolutamente essere rese indipendenti tra loro, e la RAI fece appunto questo, scegliendo solo la prima, che divenne così diciassette anni dopo la decima sua opera ad approdare in versione italiana sugli schermi RAI.

Come al solito, fu per primo il *Radiocorriere TV* nell'agosto del 1977 a darne notizia, sottolineando che anche nel nuovo sceneggiato, che in italiano si sarebbe intitolato *Traffico d'armi nel golfo*, così come in *Dimenticare Lisa* dell'anno precedente, la vicenda sarebbe stata trasposta sulle coste campane, tra Napoli e Sorrento, Castellammare Di Stabia e Pompei, dove il protagonista svolgeva la sua attività di archeologo. La motivazione per cui l'ex-ingegnere Tim Frazer si trasformò in archeologo è probabilmente dovuta all'ambientazione pompeiana (anche se ormai i cambi di nomi o di professioni nelle trasposizioni italiane di Durbridge erano divenute una consuetudine), ma nessun dubbio sul perché ancora una volta si fosse scelto di spostare la vicenda, che in origine si svolgeva tra Londra e il villaggio di Henton, sulle coste del Nord Inghilterra, fino al Golfo di Napoli: questioni squisitamente economiche.

E gli accorgimenti per diminuire i costi di produzione non

si fermavano qui. Come è stato giustamente segnalato da attenti osservatori, in realtà, diverse scene, soprattutto in esterni, dovevano essere già state girate in precedenza sui set di *Dimenticare Lisa*, e alcuni attori di quello sceneggiato (Angrisano, Sestito, Cuomo) riapparivano anche qui. Tutto quindi lascia pensare che la RAI avesse iniziato la produzione di *Traffico d'armi nel golfo* in contemporanea a quella dello sceneggiato precedente, utilizzando gli stessi set proprio nell'ottica di limitare le spese all'osso.

E vediamo come la trama originale di Durbridge venne trasformata: Tim Frazer, un archeologo inglese che lavora a Pompei, si reca a Castellammare di Stabia dove Harry Denston, un suo vecchio amico dei tempi dell'università ad Oxford gli ha dato appuntamento per restituirgli finalmente un'ingente somma di denaro che si era fatto prestare molto tempo prima. Ma quando Tim arriva alla pensione dove dovrebbe risiedere Harry, di questi non c'è traccia. Stanco per il viaggio e infastidito dal suo elusivo amico, Frazer si ferma ugualmente nella pensione dove è appena stato portato un uomo caduto da una nave proveniente dal Sud Africa e raccolto in fin di vita sulla spiaggia. Entrato per errore nella stanza dell'uomo, Frazer ne raccoglie le ultime parole, che non riesce a capire, prima che questi muoia, e rinviene accanto al letto del morto un biglietto con un numero di targa e l'indirizzo di un garage. Intanto da Londra arriva la fidanzata di Denston, Helen Barker, che in passato era stata anche la ragazza di Tim. I due sono rimasti amici, anche se è evidente che l'uomo vorrebbe ancora essere qualcosa di più, e insieme si mettono alla ricerca di Harry. Helen riconosce sul biglietto trovato da Frazer il numero di targa dell'auto del fidanzato e infatti recatisi all'indirizzo del garage vi ritrovano la macchina lasciata da Denston giorni prima. Dopo averla frugata in cerca d'indizi, Tim trova un paio di occhiali in un astuccio. Sull'astuccio c'è anche l'indirizzo del proprietario, una certa Ruth Edwards, un'anziana signora inglese che pare ben felice di aver ritrovato le sue lenti anche se non riesce a spiegarsi come siano finite nell'auto di una persona a lei totalmente sconosciuta. La donna vive in una villa di Sorrento insieme al marito Eric, un appassionato costruttore di modellini di antiche navi che racconta a Tim la sinistra leggenda della nave che sta costruendo, la "Croce del Sud", una nave negriera che alla fine del diciottesimo secolo era stata ritrovata senza carico e senza equipaggio, completamente abbandonata al largo delle coste africane. Nelle sue indagini, Tim viene contattato anche da un certo Mr. Ross, un ufficiale dello *Special Branch* inglese che è in Italia per indagare su un traffico d'armi tra Europa e Africa, il cui punto di smistamento si troverebbe proprio nel golfo di Napoli. Ross sospetta che Denston sia coinvolto e chiede a Tim di collaborare con loro al ritrovamento dell'amico che potrebbe essere in pericolo di vita. Insieme a Ross c'è anche l'ispettore Ancona, che Frazer ha già conosciuto alla pensione di Castellammare sotto un altro nome, e che era lì per seguire proprio la pista di Denston. Intanto qualcuno cerca di impadronirsi con le buone o con le cattive dell'automobile di Harry, ora in possesso di Tim. In particolare un poco raccomandabile venditore di auto usate, tale Traetta, che offre a Frazer una cifra molto più alta del suo valore per acquistarla. Tim, ancora frastornato dalla ridda di eventi che si succedono intorno a lui, si rende effettivamente conto di quanto la situazione sia davvero pericolosa, quando tornato a casa trova l'ispettore Ancona morente con un coltello nella schiena che gli sussurra qualcosa sulla "Croce del Sud", e il modellino della nave in bella mostra sulla mensola del suo caminetto.

Come al solito fermiamoci qui per non sciupare il gusto a chi ancora non abbia visto lo sceneggiato. Sebbene vi siano numerosi dettagli differenti rispetto all'originale (ad esempio il vicino di casa e l'assistente di Frazer, Debra Markos, non esistono nel copione di Durbridge; non c'è mai stata nessuna relazione sentimentale tra Frazer e Helen; il modellino è della "Stella del Nord", non della "Croce del Sud" e non c'è nessuna sinistra leggenda legata al suo nome; il marinaio morto, come la nave su cui era imbarcato, veniva dall'URSS e non dal Sud Africa; inoltre la vittima dell'omicidio nell'appartamento di Frazer non è un ispettore di polizia, ma un agente dello

Special Branch che lavora direttamente per Ross), la prima puntata segue in maniera sufficientemente scrupolosa gli eventi.

Nelle puntate seguenti invece, i semi piantati dall'adattamento italiano non possono non dare frutti che spingono la storia a discostarsi un po', in qualche caso parecchio, dalla trama originale. Senza rivelare dettagli risolutori, possiamo semplicemente dire che l'intrigo che nella versione inglese riguardava un microfilm contenente la formula di una lega metallica rivoluzionaria che minacciava di finire oltrecortina, nella Germania dell'Est (erano i tempi della guerra fredda), qui invece si incentra su un carico d'armi, a cui fa riferimento anche il titolo, conteso tra due bande di trafficanti al soldo di non ben specificate nazioni africane. Ma del resto tra le due versioni corrono ben diciassette anni, e alla fine degli anni settanta la situazione tra i due grandi blocchi, occidentale e orientale, non era più tesa come all'inizio degli anni sessanta, quindi il fulcro della storia aveva bisogno di un'attualizzazione. Da qui anche la presenza di un personaggio creato ex-novo come Debra Markos che è appunto un'inglese di origini africane che lega la vicenda ai conflitti di quella terra, di grande attualità in quegli anni.

Eppure, pur con qualche tentativo non troppo riuscito da parte di regista e sceneggiatori di alleggerire il racconto con siparietti pseudo-umoristici (vedi una per tutte, la scena di Frazer e Ross alle prese con l'occultamento del cadavere dell'ispettore Ancona tra imprevisti vari, che preconizza quasi un popolare *blockbuster* cinematografico americano di qualche anno dopo, *Weekend con il morto*), la storia tutto sommato funziona. L'intrigo di Durbridge è sostanzialmente rispettato, e nonostante *Traffico d'armi nel golfo* difficilmente possa annoverarsi tra le opere migliori realizzate in RAI dai lavori dello scrittore inglese, resta uno sceneggiato godibile e sufficientemente intrigante da farsi seguire fino alla fine senza fatica.

La regia venne affidata a Leonardo Cortese, che aveva già diretto nel 1970 *Un certo Harry Brent*, divenendo così il secondo regista, dopo Daniele D'Anza, ad aver diretto più di uno sceneggiato tv di Durbridge. Mentre Franca Cancogni, che come al solito tradusse il copione originale, si avvalse stavolta per l'adattamento della collaborazione di Aurelio Chiesa. Gli attori erano, tra gli altri, Giancarlo Zanetti, nella parte di Tim Frazer, Lorenza Guerrieri come Helen Barker, José Quaglio come Mr. Ross, Renato De Carmine, alla sua terza partecipazione in un giallo di Durbridge, e Licia Lombardi nel ruoli dei coniugi Eric e Ruth Edwards, l'inglese Norma Jordan come Debra Markos, Franco Angrisano, (l'indimenticabile sacrestano Giacinto de *I ragazzi di Padre Tobia*), nel ruolo del losco Traetta, Renato Montalbano come il dottor Bossi, Marcello Mandò come l'ispettore Ancona, e infine Filippo Alessandro nella parte dell'ambiguo vicino di casa. La sigla musicale di chiusura era *Helen* di Dino Siani.

Così come *Dimenticare Lisa*, con cui ha, come abbiamo visto, alcuni punti di contatto, *Traffico d'armi nel golfo* venne mandato in onda per tre sabati consecutivi, tra il 12 e il 26 novembre 1977 alle 20,40 sulla Rete 1. E nonostante proprio in quell'anno la RAI avesse iniziato ufficialmente le sue trasmissioni a colori, lo sceneggiato di Durbridge fu girato ancora in bianco e nero.

Spiace che i dati del Servizio Opinioni di quegli anni per ragioni tecniche non siano disponibili. Sarebbe stato interessante confrontare l'accoglienza del pubblico verso *Dimenticare Lisa* e *Traffico d'armi nel golfo* con i grandi successi degli anni precedenti. L'unica cosa che sappiamo è che nessuno dei due raggiunse il podio delle trasmissioni più viste, ma mi piace almeno pensare che, forse con qualche perplessità da parte dei fan più "puristi", il nome di Durbridge e i suoi affascinanti *plot* siano stati sufficienti ad assicurare, in quell'ultimo scorcio di RAI ancora in bianco e nero, un buon successo di ascolti e gradimento anche a questi due tardivi, imperfetti e tuttavia lodevoli tentativi di rivitalizzare, da una nuova prospettiva, le atmosfere dei vecchi gialli televisivi firmati Francis Durbridge. Perché comunque questo non sarebbe più accaduto.

Anche *Traffico d'armi nel golfo* è disponibile in cofanetto DVD di RAI-ERI.

11. *Poco a poco* (1980)

SCHEDA TECNICA
POCO A POCO (1980) (Rete 2 TV) 30/11/1980 - 07/12/1980 Puntate 3
Attori principali: Flavio Bucci, Teresa Ann Savoy, Diego Abatantuono, Franco Fabrizi, Renato Scarpa, Rino Cassano
Regia: Alberto Sironi
Titolo teatrale originale: *The Gentle Hook* (1975)
Traduzione: Franca Cancogni - Adattamento libero: Giuseppe D'Agata

Dopo essere tornato tra i protagonisti del giallo televisivo RAI per ben tre volte nel giro di poco più di un anno, il nome di Francis Durbridge scomparve nuovamente per un lungo periodo.

Nel frattempo comunque la RAI, che aveva iniziato ufficialmente le sue trasmissioni a colori nel 1977, alternandole però ancora con prodotti in bianco e nero, non aveva trascurato il poliziesco e, pur lasciando maggior spazio a titoli di autori più portati verso il lato *noir* del genere, come in *Quattro delitti*, storie tratte da Scerbanenco (serie e autore di cui ci occuperemo sia pur indirettamente fra poco), o vicende di criminalità come *Storie della camorra*, di Vincenzo Paliotti per la regia di Paolo Gazzarra, aveva continuato a produrre sceneggiati (di mai più però di tre puntate) tratti invece da autori classici come John Dickson Carr, maestro della vecchia scuola della *detective story: La dama dei veleni,* con Ugo Pagliai, Werner Bentivegna e Vittorio Sanipoli, regia di Silverio Blasi, e *Morte a passo di valzer*, con Gianni Garko e Masha Meril, regia di Giovanni Fago, due vicende deliziosamente *retrò*, entrambe trasmesse nel 1979; mentre sempre nello stesso anno si era rimesso insieme un terzetto di vecchie glorie dei migliori anni del giallo televisivo: Mario Casacci e Alberto Ciambricco, sceneggiatori assenti dal video da ben sei anni, indimenticabili creatori di Sheridan, e il veterano Leonardo Cortese, che del (forse) defunto tenente della polizia di San Francisco era stato il più assiduo regista, e reduce dall'appena esaminato *Traffico d'armi nel golfo,* per scrivere e dirigere l'ultimo lungo giallo della RAI di quegli anni: *Così per gioco,* cinque puntate, ambientate negli aspri scenari degli Abruzzi, trasmesse tra il 17 febbraio e il 17 marzo 1979 in prima serata sulla Rete 1, e che riuscirono a calamitare l'attenzione del pubblico nella ricerca del colpevole quasi come ai bei tempi di Durbridge e di Sheridan.

Intanto però il nome dello scrittore inglese che aveva dominato gli ascolti della televisione italiana per almeno un decennio, sembrava nuovamente caduto nel dimenticatoio. Per cui fu una specie di sorpresa vederlo riapparire sullo schermo agli albori del nuovo decennio, quegli anni 80 che dovevano marcare un netto confine con un passato da cui la RAI sembrava voler prendere ormai le distanze.

E in effetti il panorama televisivo italiano stava cambiando sensibilmente, perché per la prima volta nella sua storia, si stava delineando un vero *competitor* nel settore.

Infatti, per quanto potessero essere fastidiose, le piccole emittenti locali private che trasmettevano quasi a ciclo continuo film su film spesso di pessima qualità, o quelle tre o quattro televisioni estere non ricevibili neanche su tutto il territorio nazionale, non avevano mai rappresentato per la RAI delle vere concorrenti sul piano dei grandi ascolti. Ma adesso c'era Canale 5, la nuova tv privata, nata dalle ceneri di Tele Milano e proprietà dell'imprenditore rampante Silvio Berlusconi, che presto avrebbe acquisito anche Italia 1 e Rete 4 per formare un gruppo di emittenti commerciali che, grazie ad una rete capillare di distribuzione dei loro programmi in tutta Italia (ancora restava la sola RAI depositaria del diritto di trasmettere trasmissioni in diretta), avrebbero creato non pochi grattacapi ai vertici della televisione di stato negli anni a venire.

Dopo quasi venticinque anni di assoluto monopolio, la RAI si trovava a doversi confrontare con avversari giovani e agguerriti che sfornavano trasmissioni forse ancora un po' ingenue e dilettantesche, ma che minacciavano di crescere rapidamente, e costituivano comunque per il pubblico italiano una costante e intrigante "distrazione", con film spesso più recenti, varietà che presentavano a ruota continua nuovi comici e splendide fanciulle dai costumi ridottissimi, e serie di telefilm e cartoni animati per lo più di produzione giapponese, che i vecchi dirigenti RAI avevano a suo tempo trascurato o superficialmente ignorato giudicandoli inadatti al pubblico italiano.

Occorreva quindi, per battere o quanto meno contenere la concorrenza, cambiare marcia, e la RAI cominciò subito a cercare di adeguarsi ai nuovi ritmi imposti, ribattendo colpo su colpo. Vennero aumentate le ore di trasmissione, il vecchio monoscopio, che riempiva lo schermo nelle lunghe ore di pausa mattutine e a volte anche pomeridiane negli anni felici del monopolio, finì ben presto per ritrovarsi relegato a poche ore del primo mattino, sempre più ridotte fino a scomparire del tutto, mentre i varietà, i quiz, le serie tv, che erano sempre stati ad appannaggio del tardo pomeriggio o della prima serata, invadevano ogni ora da mezzogiorno fino a mezzanotte. Scomparsa la *TV dei ragazzi*, quell'oretta scarsa di telefilm, documentari e cartoni animati che era ormai diventata un appuntamento fisso per generazioni di bambini e ragazzi, lo spazio a loro dedicato si frammentava nel corso di tutta la giornata, dalla mattina al tardo pomeriggio, fino a volte al preserale, grazie a serie televisive di avventura o *sitcom* americane (una per tutte, *Happy Days*), o ai nuovi *anime* giapponesi a base di robot giganti o di orfanelli strappalacrime (*Atlas Ufo Robot*, *Remì*), mandati in onda con cadenza quotidiana. E naturalmente film, film, e ancora film. Non più solo il lunedì e il mercoledì come era accaduto tradizionalmente fino ad allora, ma praticamente ogni sera almeno una delle tre reti programmava un film, mentre in alternativa sulle altre andava in onda un quiz di Mike Bongiorno (che però presto avrebbe fiutato da che parte tirava il vento e avrebbe aderito al gruppo di Berlusconi), o un varietà con la Carrà o la Cuccarini, o un qualche nuovo sceneggiato o originale televisivo. Definizioni che stavano d'altronde cadendo in disuso in favore di un più moderno *TV movie*, a puntate o no che fosse.

E a questa ultima categoria era da ascrivere anche la nuova storia firmata Francis Durbridge che approdò infine sugli schermi italiani, dopo tre lunghi anni e, per la prima volta in una produzione italiana, a colori.

Non è ben chiara la ragione per cui i vertici RAI decisero di ripescare quel nome, che non poteva che riaccendere memorie di un modo di fare televisione che si riteneva appartenesse ormai al passato e alla vecchia RAI pre-riforma, in un momento in cui l'emittente di stato era invece alla ricerca di una sua nuova dimensione in un panorama televisivo in continua evoluzione. Così come resta tutto sommato un mistero perché, con tanti copioni televisivi scritti da Durbridge e ancora disponibili, si fosse optato come soggetto per un dramma teatrale risalente al 1974, *The Gentle Hook*. Sta di fatto che nell'ultimo numero del 1979, (cioè quasi con un anno d'anticipo sull'effettiva messa in onda) il *Radiocorriere TV* annunciava il ritorno di Durbridge sui nostri schermi, quasi in sordina e senza più quella fanfara che avrebbe utilizzato una volta. Ormai il nome del "giallista contemporaneo più famoso della tv", come veniva definito solo qualche anno prima, non smuoveva più l'interesse del grosso pubblico e sicuramente nessun giornalista si sarebbe dato da fare per scovare il nome del colpevole del suo nuovo giallo, magari telefonando a qualche collega d'oltremanica.

D'altronde la trama originale fu talmente stravolta da rendere praticamente impossibile per qualunque reporter inglese individuare non solo il colpevole tra i personaggi, ma addirittura riconoscere la storia di Durbridge, che nell'adattamento italiano s'intitolava *Poco a poco*.

L'azione si sarebbe spostata da Londra a Milano, mantenendo quindi l'abitudine ormai consolidata da qualche anno in RAI di ambientare le storie gialle sempre e comunque sul suolo italico, anche se traslocando dalle rive del golfo di Napoli alle sponde del Naviglio, e i personaggi e l'intrigo poliziesco attorno a cui ruotavano avrebbero avuto connotati del tutto meneghini. Il testo originale di Durbridge, come sempre tradotto da Franca Cancogni, era infatti stato considerato "troppo inglese", come scrisse l'adattatore Giuseppe D'Agata, nell'articolo a sua firma apparso sul *Radiocorriere TV* n. 49 del 1980. Da qui la decisione di prendere l'intera vicenda e, per parafrasare Manzoni, "risciacquarla nelle acque del Naviglio" rendendola meno "insopportabilmente falsa e posticcia" (sto sempre citando le parole esatte di D'Agata).

Naturalmente tra le righe dell'articolo di Giuseppe D'Agata (che, ricordiamolo se ce ne fosse bisogno, resta sempre l'autore, insieme a Flaminio Bollini, di uno dei più indimenticabili e affascinanti sceneggiati della vecchia RAI, *Il segno del comando*), si legge chiaramente quella che è l'impostazione dei nuovi vertici societari nei confronti del giallo, e dal loro punto di vista non c'è dubbio che D'Agata fece un ottimo lavoro, trasformando il *plot* originale (che raccontava la storia di Stacey Harrison, una giovane arredatrice londinese che, per proteggere il padre che teme coinvolto in un qualche misterioso traffico di opere d'arte false, si trova quasi inconsapevolmente nel mirino degli stessi trafficanti e invischiata in un delitto da cui il suo quasi ex-marito e un lungimirante ispettore di Scotland Yard faticheranno non poco per scagionarla) in una vicenda che sembra invece presa di peso da qualche romanzo di Scerbanenco.

Non a caso, a dirigerla fu chiamato Alberto Sironi (futuro regista dei tanti Montalbano), che allora era un giovane della nuova scuola del giallo televisivo "neorealista", che solo l'anno prima aveva partecipato alla regia della serie di telefilm *Quattro delitti*, guarda caso, tratti proprio da racconti dello scrittore milanese di origini ucraine. E quella di *Poco a poco* sembra proprio la Milano grigia e un po' squallida dei suoi romanzi, (da cui il cinema italiano degli anni 70 aveva tratto ispirazione per film come *I ragazzi del massacro*, *Il caso Venere privata*, *Milano calibro 9*), come potrete facilmente giudicare da questo riassunto della trama.

Il commissario Mario Braschi è il classico poliziotto disilluso che si è lasciato alle spalle una moglie ed una carriera e svolge il suo lavoro con coscienza ma senza passione. Trasferito da Roma per cause non ben specificate, si trova a percorrere le strade del capoluogo lombardo accanto all'agente De Rosa, il suo collaboratore ed autista, sempre preoccupato per le trattenute nella busta paga. Il misterioso pestaggio di Renato Rada, un coreografo della Scala, abbandonato poi svenuto fuori città, seguito il giorno dopo dall'aggressione alla giovane costumista sua assistente, l'italoamericana Annie Conti, che riesce a difendersi e ad accoltellare il suo assalitore, un pregiudicato di nome Gabetto, precipitano il commissario dalla sua *routine* giornaliera in un groviglio di cui è difficile trovare i capi. All'inizio, l'omosessualità del coreografo fa pensare che i responsabili vadano ricercati in quell'ambiente, ma Braschi non ne è convinto. Per lui le due aggressioni sono collegate, ma si scontra con il mondo chiuso e diffidente che ruota intorno al teatro milanese. Rada, ristabilitosi, continua a ribadire di non ricordare quasi nulla, mentre Annie afferma di non conoscere l'uomo che l'ha assalita. Braschi spera che lasciando fuggire Gabetto, che a sua volta si rifiuta di parlare, dall'ospedale in cui è ricoverato dopo l'accoltellamento, si potrà seguendolo vedere se contatterà quelli che l'hanno pagato. E la pista porterà i primi frutti, quando l'uomo cerca rifugio nella casa di un pittore, Domenico Gioia, detto Dominic. Questi infatti è scomparso da giorni e, prima di darsi alla macchia, ha incaricato la sua ex-moglie Giovanna di recapitare un suo quadro proprio ad Annie Conti, la quale a sua volta lo ha portato al padre, Ferruccio Togliani, un vecchio insegnante d'arte che ora vive di espedienti e di scommesse alle corse ippiche e di cui Dominic era stato un allievo. Alla lista dei personaggi vanno poi aggiunti l'avvocato Conti, marito separato di Annie, ma forse ancora innamorato di lei, e Luciano, il giovane assistente di Rada, il cui ruolo nella vicenda potrebbe essere meno marginale di quanto sembri. Alla fine Braschi, che nel frattempo ha intrecciato una relazione con Annie, riuscirà a smascherare i responsabili di un giro di falsi quadri d'autore, ma non prima che ci sia scappato il morto.

Ed ecco gli interpreti: il commissario Braschi era Flavio

Bucci; l'agente De Rosa era Diego Abatantuono, che di lì a poco sarebbe esploso al cinema come il "terrunciello" della commedia all'italiana anni 80, qui al suo esordio in una fiction TV; Annie Conti era Teresa Ann Savoy, una *starlet* inglese assurta rapidamente alla notorietà in un paese come il nostro fin troppo incline a dare visibilità a chiunque abbia un bel faccino e venga dall'estero, ma che qui mostra tutta la sua incapacità di recitare, o anche solo di parlare in un italiano passabile; e poi, in ordine sparso, Franco Fabrizi (Togliani), Renato Scarpa (Rada), Rino Cassano (Luciano), Giorgio Mauro (Gabetto), Italo Dall'Orto (l'avvocato Conti), Luciano Virgilio (Dominic), per finire con una menzione d'onore per Mariolina Bovo (Giovanna), un'attrice dalla recitazione semplice e pulita, che pur senza aver mai avuto ruoli di rilievo, ha attraversato tutta la storia degli sceneggiati e della fiction RAI quasi in silenzio ma con grande professionalità.

La colonna sonora, curata da Paolo Conte che è autore anche della sigla finale *Uomo-camion*, è inframmezzata da canzoni di cantautori milanesi, Jannaci e Celentano in testa, che fanno spesso da sottofondo ai dialoghi, contribuendo a sottolineare la "milanesità" che impregna tutta la storia.

Poco a poco andò in onda in tre puntate, ma contrariamente a *Dimenticare Lisa* e *Traffico d'armi nel golfo* non nell'arco di altrettanti sabati, ma in soli otto giorni, da domenica 30 novembre a domenica 7 dicembre alle 20,40, con la puntata di mezzo fissata per il venerdì 5. Inoltre venne programmato sulla Rete 2. Non accadeva più dal 1966, con *Melissa*, che una storia a puntate di Durbridge fosse mandata in onda su un canale diverso dal vecchio Programma Nazionale, ora Rete 1. Un ulteriore segnale di disaffezione da parte della nuova dirigenza verso Durbridge? Forse, ma è difficile a dirsi, in quanto ora i canali RAI non erano più interscambiabili come una volta. Rispondevano a direzioni diverse, quindi questa non era necessariamente valutabile come una "retrocessione". Poteva darsi che l'idea di produrre il film TV fosse semplicemente nata e sviluppata tra la dirigenza della Rete 2.

Ma come venne accolto dal pubblico? Quanto agli ascolti,

il Servizio Opinioni che tornò a fornire i dati proprio quell'anno, ci dice solo che *Poco a poco* non si piazzò in nessuna posizione della *Top Ten* dei programmi più seguiti, senza darci ulteriori informazioni a riguardo. Per quel che riguarda gli appassionati dei vecchi sceneggiati di Francis Durbridge, invece, posso immaginare con quanta perplessità dovettero seguire questa sua ultima opera. Anche se probabilmente nessuno a quell'epoca poteva rendersi conto di quanto poco del testo originale fosse rimasto nella sceneggiatura di Giuseppe D'Agata (malgrado i titoli di testa avvisassero che si trattava di un "libero adattamento"), ciò che deve averli colpiti soprattutto è l'assenza stessa dello spirito dell'autore nella storia. Durbridge era noto anche in Italia per l'abilità quasi da prestigiatore con cui riusciva a costruire complicati giochi di specchi in cui ogni dettaglio ne rimandava ad un altro in un'infinita sfilata di indizi contraddittori, rivelazioni spiazzanti, delitti e colpi di scena, i cosiddetti *cliffhangers*, che solitamente chiudevano la puntata, lasciando gli spettatori confusi ma eccitati allo stesso tempo, e col desiderio di risintonizzarsi la volta seguente per scoprire quali altri conigli il mago nascondesse nel suo cappello. Insomma, in ogni sua storia il suo stile era facilmente riconoscibile.

Di tutto questo, in *Poco a poco*, invece non c'era neanche l'ombra. La trama procedeva piatta e monotona, di *cliff hanger* neanche a parlarne, gli eventi anche drammatici (il pestaggio del coreografo, l'aggressione alla costumista, l'assassinio che arriva solo all'ultima puntata) si snocciolavano davanti all'occhio annoiato dell'investigatore, quanto a quello che immagino semi-addormentato dello spettatore, senza un minimo di pathos, di partecipazione della macchina da presa, e diciamo la verità, anche quando l'assassino viene smascherato, unico momento concitato della storia, in realtà non ce ne frega più molto, tanto regia, sceneggiatura e montaggio sono riusciti a sopire ogni nostro più lieve interesse. Che certo non poteva essere sollecitato dall'introduzione nella storia della tematica omosessuale (assente naturalmente nel testo originale), peraltro utilizzata in senso abbastanza negativo, né tanto meno da quella ridicola e "posticcia" (concedetemi di utilizzare il termine usato proprio da D'Agata nel suo articolo) storiellina d'amore tra il commissario e la costumista, che il buon Durbridge non si sarebbe mai sognato di inserire in una sua trama neanche se si fosse scolato prima un paio di bottiglie di *scotch*.

Ed anche i giornali sembrarono condividere la generale perplessità per questa curiosa operazione anglo-meneghina. Riporto qui il commento che scrisse Ugo Buzzolan su *La Stampa* del 7 dicembre 1980 (data dell'ultima puntata), come estrema sintesi del comune sentire:

> *"Non era più semplice, più logico, e forse più economico, incaricare Giuseppe D'Agata di scrivere un copione originale, considerato che egli è l'autore de* Il segno del comando? *[...] ho l'impressione che la ricerca di un'atmosfera giallo-lombarda da parte dell'attento regista Alberto Sironi [...] abbia nociuto non poco al ritmo, troppo lento, e alla suspense, troppo scarsa. Non è che si pretendano ogni volta i gialli con le porte che cigolano e con i cadaveri che rotolano fuori dall'armadio, però...".*

Però, potremmo aggiungere noi, che barba questo nuovo giallo "neorealista"!

Alla fine, il Durbridge "alla Scerbanenco" finì per risultare un piatto indigesto per ogni palato. Per rispondere alla domanda che ci ponevamo all'inizio, possiamo ipotizzare che probabilmente *Poco a poco* ebbe la sfortuna di essere prodotto in un momento di avvicendamento in RAI, con ancora qualche vecchio dirigente che cercava di puntare su un nome sicuro, come appunto quello dello scrittore inglese che nel quindicennio precedente aveva assicurato grandi ascolti e altissimi indici di gradimento, e i nuovi che invece tendevano ad un modo, secondo loro, più italiano e più cinematografico di raccontare le storie, e il caso volle che proprio questo ultimo lavoro di Durbridge abbia finito per fare nel modo peggiore da *trait d'union* tra i due concetti, finendo per non essere più, come suol dirsi, né carne né pesce.

Ad ogni modo, per chiunque voglia rendersi conto di persona di quanto poco c'entri Durbridge con *Poco a poco* (passatemi il quasi involontario gioco di parole), le tre puntate sono disponibili in un cofanetto DVD edito da RAI-ERI.

12. *Addio, Scotland Yard* (1985)

SCHEDA TECNICA
ADDIO, SCOTLAND YARD (1985): 1a serie: AFFARI DI FAMIGLIA - 2a serie: AFFARI DI PROVINCIA (RAI 1 TV) 03/06/1985 - 11/06/1986 Puntate 6 (versione originale con doppiaggio italiano)
Attori principali: Martin Javis, Glyn Houston, Joan Benham, Richard Caldicot, Hilary Ryan, Norman Hartley
Regia: (1a serie) Paul Ciapessoni - (2a serie) Michael E. Briant

Poco a poco mise definitivamente la pietra tombale sugli adattamenti italiani delle opere di Durbridge, ma le cause della decisione furono molteplici: oltre l'ormai diffuso sentimento tra i vertici dell'azienda che quel tipo di gialli fosse superato, c'era anche un calcolo economico (che non riguardava però solo la RAI, ma anche le televisioni di altri paesi europei) sui costi eccessivi che produzioni autoctone come quelle degli anni 60 e 70 avrebbero costituito, non più però controbilanciati da sicuri successi negli ascolti, in quegli anni 80 ormai troppo frazionati fra le già tante emittenti in concorrenza, rendendo di fatto obsoleto il contratto che aveva concesso fino a quel momento a Durbridge di poter vendere privatamente alle televisioni di altri paesi i diritti delle sue opere, e riaprendo il mercato internazionale alle produzioni originali della BBC. Così all'inizio degli anni 80 troviamo la prime versioni doppiate in lingua straniera di serial televisivi inglesi firmati da Francis Durbridge di cui si abbia notizia: nel maggio del 1982, infatti l'emittente tedesca WDR trasmette *Breakaway* (della cui versione italiana parleremo in questo capitolo). Il mese successivo, invece, la ZDF programma la versione doppiata di *The Doll*, intitolata *Die Puppe*, mentre *The Passenger*, diciassettesimo serial televisivo di Durbridge del 1971, inedito da noi, approda all'emittente WWF nel settembre del 1983 con il titolo *Die Spur mit dem Lippenstift*, traducibile più o meno come "La traccia (o l'indizio) del rossetto".

Come ho già detto, pur se le ricerche fatte su ogni singola copia del *Radiocorriere* dell'epoca non sono state semplicissime, dato che per far spazio ai palinsesti delle ormai numerosissime emittenti televisive private, la rivista ufficiale della RAI aveva dovuto sensibilmente ridurre le pagine dedicate ai propri programmi, sintetizzando al massimo anche le note illustrative, mi sento abbastanza sicuro di poter affermare che *The Passenger* non sia mai stato trasmesso con doppiaggio in italiano (confortato anche da alcune lettere fra la RAI e i rappresentanti legali di Durbridge in cui si evince che il soggetto in questione non fosse piaciuto ai dirigenti della televisione italiana nemmeno all'inizio del decennio precedente, quando era stato sottoposto loro come possibile nuovo copione da sviluppare autonomamente), mentre invece l'ultimo serial in assoluto firmato da Francis Durbridge per la BBC nel 1980, prima di dedicarsi nella restante parte della sua vita in esclusiva al teatro, *Breakaway*, arriva su Raiuno nel 1985, andando in onda in un orario sicuramente insolito, le 17:05, e quasi di nascosto, tanto che io stesso, da sempre attento osservatore delle programmazioni televisive, non me ne accorsi ed ho potuto recuperarlo solo di recente grazie agli archivi di RAI Teche.

Col titolo quasi premonitorio di *Addio, Scotland Yard*, per la prima e unica volta arriva nel nostro paese la versione inglese, doppiata in italiano, di un serial televisivo di Francis Durbridge. Il serial era originariamente diviso in dodici episodi di circa mezz'ora l'uno (una formula che da anni la BBC non utilizzava più per i serial di Durbridge), mentre in Italia venne trasmesso in sole sei parti, raggruppando due episodi alla volta, a cadenza quasi quotidiana, ad un'ora del pomeriggio in passato dedicata ai programmi per ragazzi, dal lunedì 3 al martedì 11 giugno 1985 su Raiuno, e non solo, come dicevo, privo di qualunque *battage* pubblicitario, ma anche in forma assolutamente anonima, dato che nei titoli non appariva nemmeno il nome del suo autore. Decisamente molta acqua era passata sotto i ponti da quando Francis Durbridge era lo scrittore di gialli più famoso della TV.

Come *The World of Tim Frazer* di vent'anni prima, *Breakaway* era costituito da storie separate con uno stesso protagonista, anche se stavolta si trattava di due storie soltanto e non di tre. Vediamone le trame.

Nella prima, intitolata *Affari di famiglia* (*The Family Affair*), facciamo la conoscenza del protagonista, l'ispettore di Scotland Yard, Sam Harvey che, dopo che è riuscito a pubblicare con successo un libro per ragazzi, sta progettando di abbandonare il suo lavoro per darsi alla carriera letteraria. Inutilmente i suoi superiori, per i quali è un elemento prezioso, tentano di dissuaderlo. Harvey pare irremovibile. Ma un evento tragico e inaspettato giunge ad interrompere i suoi piani: i suoi genitori che credeva partiti per una vacanza in Australia, vengono rinvenuti morti all'interno di un furgone in aperta campagna, fuori Londra. Il furgone che sulla fiancata portava il marchio di una ditta, "Marius of Rye", che nessuno sembra aver mai sentito nominare, è stato fatto segno a numerosi colpi d'arma da fuoco sparati da un elicottero. Ma che ci faceva un'apparentemente pacifica coppia di anziani pensionati in giro per le campagne inglesi su un furgone di misteriosa provenienza, e perché qualcuno li ha voluti eliminare in un modo tanto spettacolare? Queste sono solo alcune delle domande a cui Harvey dovrà trovare una risposta per chiarire la sciarada che circonda la morte dei suoi genitori. Ma ci riuscirà solo quando il fantomatico Mr. Hogart, un nome che sembra dietro tutti i misteri di questa bizzarra vicenda, avrà trovato un volto.

Nella seconda storia, intitolata *Affari di provincia* (*The Local Affair*), dopo aver risolto il caso della morte dei suoi genitori, Harvey è sempre più deciso a lasciare Scotland Yard, ma ha ancora dei giorni di servizio da espletare, e approfittando di questa situazione i suoi superiori lo inviano a Market Cross, dove il locale capo di polizia ha subìto un incidente e si trova bloccato in un letto, impossibilitato ad indagare sull'uccisione di una giovane donna trovata strangolata nei dintorni. Il più sospettabile risulterebbe un ricco playboy, Freddy Galbraid, in compagnia del quale la vittima è stata vista la sera in cui è stata uccisa, e del quale un paio di guanti sono stati rinvenuti presso il luogo del delitto. Ma l'attenzione di Harvey si appunta presto anche sulla nevrotica sorella della vittima che pareva detestarla. E quando spunta una testimone che potrebbe scagionare il playboy, anche questa viene strangolata e il suo cadavere ritrovato nell'appartamento dell'uomo. Chi sta cercando di incastrare Galbraid e chi è a capo della spirale di ricatti che sembra celarsi dietro la vicenda? E riuscirà Sam Harvey a lasciare Scotland Yard per dedicarsi finalmente alla carriera di scrittore?

Se questa seconda storia vi ricorda qualcosa, non vi sbagliate. In effetti, si tratta della riscrittura, con parecchie modifiche, di un copione che conosciamo, *La sciarpa*, che qui in Italia fu il primo sceneggiato televisivo di Durbridge ad arrivare nel lontano 1963, e che abbiamo già esaminato nel primo capitolo di questo saggio. Come mai Durbridge decise di riscrivere uno dei suoi successi di vent'anni prima per quella che sarebbe stata la sua ultima sceneggiatura televisiva non lo sappiamo, ma sappiamo che questo non era affatto insolito per lo scrittore inglese che nel corso della sua all'epoca ultra quarantennale attività come giallista era già ricorso molte volte al riciclaggio, per così dire, di suoi vecchi materiali per costruire nuove storie. Questo era riscontrabile soprattutto nei lavori radiofonici dove, come vedremo più approfonditamente nell'appendice dedicata appunto a questo settore, le sue due creazioni più popolari, Paul Temple e sua moglie Steve, si trovavano spesso in situazioni di pericolo che si ripetevano pressoché identiche di serial in serial, senza che però la cosa mettesse minimamente in imbarazzo l'autore, né per altro annoiasse gli ascoltatori che rispondevano sempre entusiasticamente ad ogni loro nuova avventura. In televisione la cosa era meno evidente, ed anche se un po' tutte le storie di Durbridge in fondo si somigliano, con i suoi protagonisti regolarmente incastrati in complicati intrighi al cui capo in conclusione si trova quasi sempre un misterioso organizzatore, un *mastermind*, dietro al cui pseudonimo di turno si nasconde quasi altrettanto regolarmente un amico, se non insospettabile, almeno non più sospettabile di altri, in realtà questa seconda parte di *Breakaway/Addio, Scotland Yard* era la prima vera opera di "riciclaggio televisivo" da parte di Durbridge, e denotava forse nell'occasione un suo desiderio (inconsapevole?) di chiudere al più presto con la TV, dopo che con la radio aveva già chiuso da oltre un decennio; oltre alla comprensibile stanchezza di un autore che sfornava ininterrottamente storie dai primi anni 30, e che probabilmente, cominciando inoltre ad avere seri problemi di salute, non vedeva l'ora di potersi finalmente ritirare in campagna per dedicarsi a quel nuovo ramo della sua attività che gli avrebbe consentito ritmi più tranquilli e meno asfissianti, e cioè scrivere per il teatro. In questo, riflesso della realtà del suo ultimo protagonista televisivo.

Le due parti del serial furono affidate per la regia rispettivamente a Paul Ciapessoni e Michael E. Briant, mentre la parte di Sam Harvey fu sostenuta da Martin Jarvis, ma ripetere qui la sequela di nomi degli altri interpreti non avrebbe molto senso trattandosi di attori inglesi poco o per nulla conosciuti sui nostri lidi. Ancor meno parlare di colonne sonore, o sigle di apertura e chiusura che in Inghilterra, almeno in televisione, hanno evidentemente solo il compito di accompagnare i titoli senza troppi voli di fantasia.

Vorrei solo notare come anche in una storia di Durbridge alla fine sia stato inserito qualcosa che l'autore aveva sempre evitato, secondo me saggiamente, in precedenza, e cioè un omicidio "in diretta", e non compiuto con un colpo di arma da fuoco o con una pugnalata, ma la lotta disperata di una donna che qualcuno sta cercando di strangolare, una scena brutale alla Dario Argento, introdotta a quanto pare dal regista per adeguarsi evidentemente alla moda imperante già allora del sadismo sullo schermo, grande o piccolo che fosse, ed estranea al copione originale di Durbridge che lasciava invece nel suo stile la situazione in sospeso, senza mostrare alcuna violenza. Infatti a metà della seconda storia, "Affari di provincia", Geraldine Newton, la testimone in favore di Galbraid che attende il ritorno del playboy nell'appartamento di lui, viene aggredita e strangolata dall'assassino che appare in soggettiva e con le mani inguantate, in una scena più adatta appunto ad un "thrilling all'italiana" che non ad una storia di Durbridge, che aveva sempre preferito mostrare le sue vittime quando erano già state uccise, creando così quel suo tradizionale effetto spiazzante al momento della scoperta, che invece qui viene totalmente annullato dal vederlo compiersi davanti ai nostri occhi. Confrontando questa sequenza con quella corrispondente in *Das Halstuch*, versione tedesca del 1961 di *The Scarf*, molto fedele all'originale (e unica fruibile oggi poiché oltre a quella italiana, non esiste più neanche quella inglese), ci si rende conto della differenza. Durbridge non è Argento, le sue storie non sono fatte per spaventare il pubblico, o peggio orripilarlo, ma per regalargli un piacevole brivido in attesa del prossimo episodio. Fa parte di quel genere di autori che oggi paiono praticamente estinti, di quel giallo "ormai superato dai tempi", come sostenevano i nuovi vertici della RAI nei rutilanti anni 80, e che pure ha ancora oggi tanti estimatori, che forse, anzi sicuramente, saranno solo una minoranza, ma rappresentano comunque uno "zoccolo duro" che non vuol saperne di farsi mettere da parte.

Ovviamente, del DVD italiano di *Addio, Scotland Yard*, neanche a parlarne. L'unica maniera di vedere il serial, almeno per il momento, è l'archivio di RAI Teche, come sempre su appuntamento.

Ormai quasi quattro decenni sono trascorsi da quel 1985, e mai più una nuova storia di Francis Durbridge è apparsa sugli schermi italiani. Oggi la memoria dei vari *Melissa*, *Harry Brent*, ecc. è affidata, oltre alle raccolte in cofanetti DVD di RAI-ERI, agli archivi telematici di RAI Teche col suo prolungamento in streaming chiamato Raiplay, e al massimo a repliche notturne, che si offrono all'occhio inumidito dalla nostalgia di qualche vecchio appassionato, o allo sguardo distratto di giovani nottambuli che si chiederanno magari cosa ci trovassero mamma e papà in quei noiosi ed interminabili polpettoni.

Prima di concludere la parte dedicata alla TV, ritengo sia utile includere l'elenco completo (corredato da alcune informazioni accessorie) delle serie televisive firmate da Durbridge tra gli anni 50 e 70, perché tutti possano rendersi conto di quanti *scripts* la RAI avrebbe avuto ancora a disposizione, pronti per essere trasposti in una versione italiana che non c'è mai stata e, a questo punto, mai ci sarà. (In questa lista non troverete *A casa una sera* e *Poco a poco* perché tratti da testi teatrali.)

1952 *The Broken Horseshoe*
1952 *Operation Diplomat*
1953 *The Teckman Biography*
1955 *Portrait of Alison*
1956 *My Friend Charles*
1956 *The Other Man*
       [vers. ital.: *Lungo il fiume e sull'acqua*, 1973]
1957 *A Time of Day*
       [vers. ital.: *Paura per Janet*, 1964]
1959 *The Scarf*
       [vers. ital.: *La sciarpa*, 1964]
1960 *The World of Tim Frazer*
       [vers. ital.: *Traffico d'armi nel golfo*, 1977]
1960 *The World of Tim Frazer: The Salinger Affair*
1960 *The World of Tim Frazer: The Melynfforest Mystery*
1963 *The Desperate People*
1964 *Melissa*
       [vers. ital.: *Melissa*, 1966]
1965 *A Man Called Harry Brent*
       [vers. ital.: *Un certo Harry Brent*, 1970]
1966 *A Game of Murder*
       [vers. ital.: *Giocando a golf una mattina*, 1969]
1966 *Bat Out of Hell*
       [vers. ital.: *Come un uragano*, 1971]
1971 *The Passenger*
1975 *The Doll*
       [vers. ital.: *Dimenticare Lisa*, 1976]
1980 *Breakaway*
       [vers. ital. doppiata: A*ddio, Scotland Yard*, 1985]

Nei primi anni 50, all'epoca degli esordi televisivi di Durbridge, non esistevano ancora sistemi di registrazione del materiale che veniva mandato in onda con gli attori che recitavano in diretta dagli studi della BBC (anche quando la trasmissione veniva "replicata" nei giorni seguenti su canali diversi che servivano altre zone del territorio inglese). Di conseguenza l'unica maniera di mantenere una memoria di queste trasmissioni era realizzarne dei film per il cinema che in questo modo potevano anche essere distribuiti all'estero. Così dei primi cinque serial tv di Durbridge (vedi lista sopra), esistono altrettante riduzioni cinematografiche, di cui solo *Portrait of Alison* e *My Friend Charles* risultano uscite anche in Italia, rispettivamente nel 1955 e nel 1957, coi titoli *Il segno del pericolo* e *Il cerchio rosso del delitto*. Di entrambe non si conoscono edizioni in DVD. Con l'arrivo del VR-1000, nastro da due pollici, appena commercializzato dall'Ampex, nel 1956 inizia invece l'era delle registrazioni video che di fatto rendono inutili ulteriori versioni dei serial tv, e che possono così essere conservate in archivio, anche se molte di queste sono in effetti andate perse negli anni e attualmente sono disponibili solo da *The Desperate People* del 1963.

Voglio ricordare anche che alcuni serial inediti in Italia di Durbridge hanno visto nel nostro paese almeno tradotti i romanzi che ne erano stati tratti a suo tempo. Nell'ordine, *I disperati* (*The Desperate People*) Il Giallo Mondadori n. 965 (1967); *Ritratto di Alison* (*Portrait of Alison*), Il Giallo Longanesi n. 137 (1974); *...dai nemici mi guardo io* (*My Friend Charles*), I Classici del Giallo Mondadori n. 1203 (2008).

Inoltre anche di alcuni serial televisivi trasmessi in Italia sono uscite le versioni romanzate, che hanno conservato quasi tutte il titolo degli sceneggiati italiani, ma che riportano in forma cartacea le trame degli originali, così da darvi modo se le leggerete di giudicare da voi le differenze talvolta notevolissime tra le due versioni. Ecco la lista delle più recenti edizioni: *Lungo il fiume e sull'acqua*, I Gialli Longanesi n. 119 (1974); *Come un uragano*, I Gialli Longanesi n. 130 (1974); *Giocando a golf una mattina*, I

Gialli Longanesi n. 144 (1975); *La bambola sull'acqua*, Il Giallo Mondadori n. 1847 (1984), che non ha mantenuto il titolo dello sceneggiato italiano, *Dimenticare Lisa*, per l'ottima ragione che la donna del desiderio del protagonista nel romanzo e nel serial originale non si chiamava affatto Lisa Carter, ma Phyllis Du Salle; *Il prezzo del tradimento*, Il Giallo Mondadori n. 1903 (1985), tratto da *Addio, Scotland Yard: Affari di Famiglia* (*Breakaway: The Family Affair*), e pubblicato (per pura coincidenza?) appena un mese dopo la trasmissione della versione italiana in tv; infine la più recente edizione del celebre *Melissa*, uscita ne I Classici del Giallo Mondadori n. 1379 (2015), che è anche l'ultima volta che il nome di Durbridge è apparso sulla copertina di un libro in questo paese.

A tutto questo va aggiunto il romanzo *Mezz'ora per vivere, mezz'ora per morire* (*The Pig-Tail Murder*, 1969) un romanzo ristampato per l'ultima volta in Italia nei Classici del Giallo n. 1284 (2011) che Durbridge trasse da una sua sceneggiatura cinematografica dei primi anni 60 mai diventata film, *Step in the Dark*.

Aggiungo inoltre *Una strana rapina* (*Paul Temple and the Harkdale Robbery*) Il Giallo Longanesi n. 99 (1973), tratto da un episodio inedito della serie televisiva *Paul Temple,* della cui versione italiana troverete una più ampia analisi nell'appendice finale.

Seconda parte: Gli sceneggiati radiofonici

Introduzione

Sia in Gran Bretagna che nei paesi anglosassoni in genere, il giallo alla radio è una vecchia tradizione che nasce in pratica con la prima diffusione del mezzo radiofonico nelle case tra la fine degli anni 10 e l'inizio degli anni 20 del secolo scorso, per esplodere poi nei due decenni successivi. In pratica tutti i più popolari scrittori di libri polizieschi, da Agatha Christie a Mignon Good Eberhart, da Ellery Queen a John Dickson Carr, si sono cimentati prima o poi con la radio. In effetti la radio, più ancora della televisione o del cinema, è lo strumento ideale per trasporre in forma "fisica" i brividi letterari che le signore e i signori succitati, con i loro colleghi, sapevano così bene suscitare nei lettori.

Immaginate un salotto dei primi decenni del novecento, con al centro uno di quei vecchi apparecchi a manopole, grosso e pesante quasi quanto un antico *trumeau*, con intorno poltrone e sedie su cui ascoltatori silenziosi di ogni età, dal vecchio nonno al nipotino, seguono in religioso silenzio e nella penombra, appena mitigata dalla luce tenue proveniente da una lampada in un angolo o dal quadro luminoso della radio stessa, la puntata settimanale del loro programma preferito, azionando non gli occhi del corpo, ma quelli della mente, ed elaborando attraverso la fantasia, le voci, i rumori, le musiche d'atmosfera che giungono alle loro orecchie, in immagini che nessuno schermo cinematografico o televisivo riuscirà mai a rendere con altrettanto coinvolgimento.

Questa fu una scena consueta nelle case inglesi o americane per un quarantennio almeno, ed è proprio in questo periodo che il poliziesco radiofonico prospera, ispirando Francis Durbridge ad iniziare a dedicarsi, dopo anni di esperienza nel settore della commedia musicale o dello sketch umoristico, ai serial polizieschi e all'introduzione del personaggio di Paul Temple nell'olimpo dei detectives dilettanti dell'epoca. Come abbiamo visto nella parte dedicata alla televisione, Durbridge, da grande ammiratore di Edgar

Wallace, si era sempre sentito portato verso questo genere che aveva già sperimentato in un paio di radiodrammi (*Murder in the Midlands*, 1934, e *Murder in the Embassy*, 1937), ma il passo decisivo lo compì con *Send for Paul Temple*, un serial in otto episodi, inedito in Italia, che come trama era fortemente debitore di Wallace e delle sue tematiche, con i suoi passaggi segreti, le sue magioni misteriose e le antiche locande in mezzo alla campagna inglese, ritrovo di pericolose bande di malfattori capeggiate da enigmatici individui dai fantasiosi pseudonimi.

Ed è proprio su una di queste che è chiamato ad indagare Paul Temple, accorso in aiuto di Scotland Yard sull'onda di una campagna di stampa martellante, dopo che la celebre polizia londinese si è dimostrata impotente davanti all'astuzia e all'audacia di criminali che non hanno esitato addirittura a eliminare un loro collega ed amico di Temple, il sovrintendente Harvey, che li braccava troppo da vicino. In capo alle otto settimane di durata del serial, Temple riuscirà non solo a vendicare l'amico e a smascherare il misterioso capobanda che si nascondeva sotto il nome di "Knive of Diamonds", che da noi sarebbe il "Fante di Quadri" (nome che giocava astutamente con l'attività criminale della banda specializzata nel furto di diamanti, dato che in inglese il seme delle carte che noi chiamiamo "quadri" è invece denominato "diamonds", cioè diamanti appunto), ma anche ad impalmare Steve Trent, la giovane giornalista di nera, che lo ha accompagnato durante tutta l'inchiesta condividendo con lui brividi e pericoli. Steve, che in realtà si chiama Louise Harvey ed è la sorella del poliziotto assassinato, è ricorsa ad un nome maschile firmando i suoi articoli per evitare i problemi che una donna aveva "normalmente" se cercava di farsi spazio in un ambiente maschile come quello della cronaca nera dei quotidiani all'epoca. La proposta di matrimonio di Temple la strapperà da quel mondo, ma lei non rinuncerà al suo nomignolo che conserverà in tutte le inchieste che condurrà accanto al marito.

Come dicevamo, Paul Temple nasce come personaggio radiofonico nel 1938, ma subito diventa anche protagonista di una serie di romanzi, quasi tutti basati sui copioni scritti per la radio. Non mancheranno poi la versione cinematografica e anche una versione teatrale, confezionata dallo stesso Durbridge, che la realizzerà "cucendo" le trame dei suoi due primi serial radiofonici in un'unica storia. E negli anni a seguire, cosa abbastanza insolita nel settore del giallo, gli sarà dedicata addirittura una serie a fumetti pubblicata come striscia quotidiana su molti giornali inglesi (ma praticamente ignota da noi).

1. *Paul Temple, il romanziere poliziotto* (1953)

SCHEDA TECNICA
PAUL TEMPLE, IL ROMANZIERE POLIZIOTTO (1953) (Secondo programma radio) 28/01/1953 – 18/03/1953 Puntate 8
Attori principali: Fernando Farese (Paul Temple), Franca Mazzoni (Steve Temple), Raffaele Giangrande, Carlo Principini, Enzo Tarascio
Regia: Umberto Benedetto
Produzione originale BBC: *A Case for Paul Temple* (1946)
Traduzione: non specificato

Paul Temple è un personaggio già molto popolare, sia di là che di qua della Manica dove in Germania e nei Paesi Bassi (in cui è stato ribattezzato Paul Vlaanderen) sta già riscuotendo un'enorme successo, quando nel 1953 finalmente la RAI, ancora solo Radio Audizioni Italiane, si accorge di lui e del suo creatore, e decide di trasmettere un suo serial, *A Case for Paul Temple*, un copione che risale al 1946, il sesto in ordine cronologico della saga dello scrittore detective che il traduttore italiano, rimasto ignoto, intitola appunto *Paul Temple, il romanziere poliziotto* e che va in onda dal 28 gennaio al 18 marzo sul Secondo Programma della radio alle 21,15 per otto mercoledì nel ciclo *Giallo per voi*.

È il primo di sette serial radiofonici con Paul Temple che la RAI produrrà, con lunghe pause, nell'arco di circa un quarto di secolo fino al 1977. Come vedremo, mai nessuno degli attori chiamati ad interpretare la figura del protagonista legherà il suo nome a quello del personaggio come accadeva all'estero, ma ogni volta ci sarà un diverso attore ad impersonare il detective. Tutti, o quasi, gli sceneggiati radiofonici vennero registrati e trasmessi dalla sede RAI di Firenze (ad eccezione del secondo, *Paul Temple e il caso Gregory*, che venne invece prodotto a Torino), e almeno inizialmente vennero interpretati dagli attori delle compagnie di prosa locali. Solo successivamente, dalla seconda metà

111

degli anni 60, la RAI cominciò ad inserire nel cast, attori ed attrici noti anche a livello nazionale, come Aroldo Tieri o Alberto Lupo, che come ricorderete furono anche interpreti di più di uno sceneggiato tv di Durbridge. Ma procediamo con ordine, ed occupiamoci di questo primo serial italiano.

Nel breve articolo dedicato alla trasmissione, il solito indispensabile *Radiocorriere* (che allora non era ancora *TV*) presentava così i due protagonisti:

> *"Paul Temple, un giovane e già celebre scrittore di romanzi polizieschi, vive e lavora a Kensington, un quartiere di Londra, dove spesso è chiamato a collaborare con Scotland Yard per risolvere il mistero di complicati delitti. [...] Le sue straordinarie facoltà di deduzione gli hanno procurato in breve tempo una vastissima notorietà come poliziotto dilettante. [...] La sua attività investigativa iniziò per caso, quando si trovò a collaborare con la polizia nella ricerca del colpevole di un impressionante delitto; la sua partecipazione risultò decisiva, e da quel momento Sir Graham Forbes, il famoso commissario capo di Scotland Yard, fece di Paul il suo più fidato consigliere. In quell'occasione, Temple incontrò Luisa Harvey, una giovane e graziosa giornalista, conosciuta con lo pseudonimo di Betty Trent; se ne innamorò e la sposò. [...] Insieme formano una coppia deliziosa. Betty lo accompagna nelle più rischiose imprese, sempre allegra, coraggiosa e affascinante [...] e quando Sir Graham non viene a sollecitare l'aiuto del prezioso amico, Paul e Betty possono finalmente concedersi un meritato riposo."* (dal *Radiocorriere* n. 4, datato 25/31 gennaio 1953)

Come avrete notato, nell'articolo si parla di Betty e non di Steve, in riferimento alla moglie di Temple. La ragione non è mai stata chiarita ufficialmente, ma è abbastanza lecito dedurre che il nome Steve suonasse un po' troppo mascolino alle orecchie di qualche funzionario RAI, e di conseguenza poco in sintonia con un personaggio che doveva risultare, come si desume dall'articolo, "delizioso e affascinante" e soprattutto la moglie devota dell'audace investigatore. Da qui il cambiamento in un più rassicurante Betty, che non presentava ambiguità difficili da spiegare agli ascoltatori di allora. E così veniva anche a cadere la questione femminista celata dietro la scelta di un nome da uomo. Però quando, sette anni dopo, i Temple torneranno con una nuova inchiesta, Betty sarà Steve anche per il pubblico italiano, senza che la cosa abbia sollevato a quanto ne so alcuno scandalo.

Ma occupiamoci ora della trama dello sceneggiato: Londra sembra attraversata da un'ondata di crisi di follia da parte di giovani donne che si suicidano una dopo l'altra apparentemente senza ragione, mentre la polizia, come in ogni giallo che si rispetti, brancola nel buio. Finché Sir Graham Forbes, sovrintendente di Scotland Yard, non decide di rivolgersi all'amico Paul Temple, scrittore e detective dilettante che già in passato ha collaborato con lui allo smascheramento di alcuni diabolici criminali. Il sospetto di Forbes e del maggiore Peters, uno degli ufficiali incaricati delle indagini che lo accompagna, è che nella capitale si stia diffondendo a macchia d'olio un traffico di stupefacenti gestito da un'organizzazione criminale al cui capo si troverebbe un individuo misterioso conosciuto col solo nome di Valentino, e Forbes e Peters vorrebbero che a provare a dargli un'identità più reale sia proprio Temple. Tuttavia, nonostante l'invitante esca messagli davanti dagli amici di Scotland Yard, Temple non sembra disposto ad accontentarli: è troppo impegnato a scrivere un romanzo da consegnare al più presto al suo editore e deve così declinare l'invito. Ma quella sera mentre è a cena con la moglie Betty, Temple incontra un'altra sua conoscenza della polizia londinese, il sovrintendente Wetherby che segue a sua volta il caso Valentino, ed uscendo dal ristorante per andare a riprendere la macchina, scopre nell'auto una ragazza ferita che gli mormora un nome: Simon Lee. Un nome che gli è già noto perchè, come gli aveva riferito il maggiore Peters, era il nome che aveva ripetutamente pronunciato una delle donne prima di suicidarsi. Temple corre a chiamare Wetherby e la moglie che lo aspettavano davanti all'ingresso del ristorante, ma quando i tre arrivano all'auto, della ragazza non c'è più traccia.

Ma i misteri non finiscono qui: Temple e Betty non fanno in tempo a tornare nel loro appartamento che arriva una telefonata di una donna che si presenta come Sheila Baxter che gli chiede di non accendere la luce di casa per poi riattaccare senza altre spiegazioni. Sconcertato, Temple si avvicina all'interruttore e azionandolo con ogni precauzione fa scattare un'arma nascosta che esplode un colpo verso di loro che però si sono già opportunamente messi al riparo.

Ormai per Temple è evidente che, volente o nolente, è coinvolto nell'enigmatica vicenda e che il misterioso Valentino l'ha già preso di mira. Decide quindi di mettere da parte il suo romanzo ed iniziare la propria indagine andando ad interrogare uno dei suoi numerosi informatori, tale Snooker Riley, che vive in una casa galleggiante sul fiume, e che potrebbe essere al corrente di qualche notizia proveniente dal sottobosco della malavita londinese su Valentino. Qui apprende di non essere il primo ad essersi recato da Snooker per quel motivo. Infatti proprio quel giorno l'ha preceduto un certo Charles Kelvin, il marito dell'ultima donna suicidatasi, che è andato a chiedergli informazioni su Valentino, e Snooker gli ha risposto esattamente come risponde adesso a Temple: che lui non sa nulla di Valentino, ma da quello che ha sentito consiglia caldamente lo scrittore investigatore di non occuparsi della vicenda. Casualmente Temple nota che Snooker deve aver ricevuto anche qualcun altro quel giorno dato che sul tavolo si trovano due bicchieri e il vecchio gli conferma ridendo che ha ricevuto la visita di un suo amico, il Capitano O'Hara, il comandante del battello Simon Lee.

E da qui partirà un'indagine complessa per Paul Temple per individuare la vera identità di Valentino, un'indagine ricca di colpi di scena e di cadaveri, che non lascerà fuori dai sospetti (come per altro capita spesso nelle storie di Durbridge) neanche i funzionari di Scotland Yard.

Questo è a grandi linee quanto avviene nel primo degli otto episodi di *Paul Temple romanziere poliziotto*, trasmesso sul territorio nazionale sulle onde di quello che allora era il Secondo Programma radiofonico, ma la cui registrazione fu affidata alla sede locale di Firenze, che essendo l'attuale struttura RAI fiorentina ancora di là da venire (e sarebbero trascorsi molti anni ancora prima che fosse costruita e inaugurata), come tutti gli altri programmi che erano prodotti dall'emittente di stato nel capoluogo fiorentino dovette essere realizzata nella vecchia sede dell'EIAR, (Ente Italiano Audizioni Radiofoniche), fiore all'occhiello dell'ormai defunto regime fascista, i cui locali si trovavano in pieno centro storico a due passi dalla stazione, dove oggi una targa commemorativa ne ricorda l'attività.

Il programma veniva trasmesso, come dicevo più sopra, il mercoledì in prima serata, durava circa mezz'ora, esattamente come gli episodi originali (ma in seguito, come vedremo, le cose sarebbero cambiate), ed era diretto da Umberto Benedetto, regista di un gran numero di fiction radiofoniche fin quasi agli anni 80 e, per quel che ci riguarda, soprattutto regista di quasi tutti gli sceneggiati radiofonici firmati Durbridge. Dei nove programmi trasmessi dalla RAI, ben sette furono diretti da lui.

Gli attori che interpretarono la vicenda facevano tutti parte della Compagnia di Prosa di Firenze (ma questa era una pratica abbastanza regolare all'epoca, e per almeno i due decenni seguenti, in cui le sedi regionali giocarono un ruolo molto importante per il settore radiofonico della RAI), e nella parte dei due protagonisti troviamo Fernando Farese come Paul Temple e Franca Mazzoni come Betty, mentre Sir Graham Forbes era Raffaele Giangrande. Questi attori inaugurarono la sfilata di nomi che si trovarono nel quasi quarto di secolo successivo ad interpretare questi stessi ruoli. Tra gli altri attori vorrei ricordare in particolare Enzo Tarascio che interpreta Charles Kelvin per segnalare la singolare trovata di farlo parlare con un forte, quanto ingiustificato e un

115

po' ridicolo, accento tedesco. La cosa mi aveva lasciato molto perplesso, ma poi mi è stato spiegato che era una prassi comune nei gialli radiofonici di quell'epoca inserire personaggi che avessero spiccati accenti teutonici per renderli più sospettabili all'orecchio degli ascoltatori. (!) Preferisco lasciare a voi ogni considerazione in merito. Un'altra caratteristica di questi primi serial per la radio (caratteristica che si perderà poi nella seconda metà degli anni 60, quando l'adattamento italiano si farà meno fedele all'originale) è la titolazione di ogni singolo episodio. Così, giusto per la vostra curiosità, vi elenco i titoli dal gusto un po' retrò degli otto episodi: *Dove si parla di Valentino*, *Dove Betty incontra il Capitano O'Hara*, *Dove Sir Gilbert manifesta i suoi sospetti*, *Dove Temple fa un singolare incontro*, *Dove Layland confessa la verità*, *Dove Valentino sferra l'attacco*, *Dove la rete si chiude*, *Dove Temple incontra Valentino*.

Purtroppo mancano (e mancheranno anche per i prossimi sceneggiati di cui vi parlerò) i dati per permetterci di capire se e quanto successo il Durbridge radiofonico abbia avuto presso gli ascoltatori italiani. Neanche il fatto che la presenza di Durbridge sulle onde radiofoniche della RAI sia stata abbastanza saltuaria negli anni può essere considerato un indizio che i suoi gialli non avessero molto seguito, in quanto in quell'epoca, la RAI, unica ed incontrastata regina dell'etere nazionale, non aveva bisogno di inseguire gli ascolti e poteva permettersi tranquillamente di guardare con sufficienza al genere poliziesco, genere che raccoglieva sempre e comunque un grande consenso popolare, ma che la critica riteneva di puro consumo, privilegiando invece la propria funzione di "grande educatrice degli italiani".

Così come per le trasmissioni televisive anteriori alla metà degli anni 60, non è facile recuperare registrazioni decenti di questi vecchi sceneggiati radiofonici. Quasi tutto il materiale dell'epoca, se non fu cancellato per riutilizzare i nastri o logorato dal tempo e dall'incuria, resta comunque di difficile, e a volte impossibile, reperibilità. Come, a quanto pare, è accaduto ai due serial di Paul Temple che esamineremo nei prossimi capitoli, che non sono ancora stati recuperati, e chissà se mai lo saranno.

Se per questo *Paul Temple romanziere poliziotto*, le cose sono andate diversamente lo si deve solo alla fortunata combinazione che la registrazione originale fu rimasterizzata integralmente nel 1995, per una trasmissione commemorativa dei settant'anni della radio in Italia, permettendoci oggi di poterlo riascoltare nella sua interezza, sia pur soltanto presso le sedi della RAI, attraverso il sistema informatico interno di RAI Teche, a cui però si può accedere solo su richiesta, motivandola per ragioni di studio o di lavoro.

Ci sono poi alcuni serial che, grazie alla passione di certi cultori delle vecchie trasmissioni RAI, si possono trovare anche su Youtube ma in versione "ricompattata", diciamo così, senza cioè quelle suddivisioni fra puntata e puntata, con sigle musicali, liste di personaggi ed interpreti, e i preziosissimi riassunti, che tanta suggestione riuscivano a suscitare nella mia anima di giovane ascoltatore all'epoca, e tanti ricordi risvegliano oggi alla mia non più verdissima età. Man mano che vi presenterò i prossimi sceneggiati vi indicherò di volta in volta quali possono essere ascoltati sul web.

2. *Paul Temple e li caso Gregory* (1960)

SCHEDA TECNICA
PAUL TEMPLE E IL CASO GREGORY (1960) (Secondo programma radio) 28/01/1953 – 18/03/1953 Puntate 10
Attori principali: Gualtiero Rizzi (Paul Temple), Angiolina Quinterno (Steve Temple), Gastone Ciapini, Iginio Bonazzi
Regia: Giacomo Colli
Produzione originale BBC: *Paul Temple and the Gregory Affair* (1946)
Traduzione: Ippolito Pizzetti

Cercare tracce di questi vecchi sceneggiati radiofonici tra le pagine del *Radiocorriere TV* di quegli anni è un'impresa ardua, anche se affascinante, perché mentre le sfogli, non puoi fare a meno di imbatterti negli annunci pubblicitari dell'epoca, o di restare avviluppato nella lettura di articoli che poco o niente hanno a che vedere con la tua ricerca, ma che non di meno ti riportano, come una specie di macchina del tempo in forma cartacea, indietro negli anni, a gustare un tipo di vita più lenta, ma anche più semplice e genuina, che sembra lontana da noi ormai anni luce.

In quegli anni il *Radiocorriere* (che aveva aggiunto la sigla *TV* alla testata solo dal 1958) dava sempre più spazio alla nuova rivoluzione tecnologica che stava entrando piano piano nelle case degli italiani, ma le pagine dedicate alla radio erano ancora in maggioranza, anche se si andavano riducendo lentamente.

In quel 1960, la cosa non era ancora evidente e un lettore distratto forse non l'avrebbe notato, ma di lì a pochi anni i programmi televisivi avrebbero fagocitato quasi tutto lo spazio disponibile lasciando a quelli radiofonici non più del trenta per cento, ad una stima ottimistica, della rivista. Ma già allora, l'attenzione rivolta ad una fiction radiofonica, e per di più gialla, non era molta, e *Paul Temple e il caso Gregory* (*Paul Temple and the Gregory Affair*, 1946), settimo serial in

118

ordine cronologico della lunga saga originale del personaggio di Durbridge, ma solo seconda inchiesta in versione italiana giunta da noi ben sette anni dopo la prima, non fece eccezione e nonostante la storia fosse divisa in dieci puntate (il più lungo serial radiofonico mai prodotto dallo scrittore inglese) solo le prime due ebbero l'accompagnamento di alcune note della rivista che introdusse la vicenda per gli aspiranti ascoltatori.

Il primo breve articolo presentò Paul Temple e la sua fedele consorte come se si trattasse in realtà della prima volta che questi personaggi arrivavano nel nostro paese, e pareva completamente immemore del serial precedente trasmesso nella prima metà degli anni 50 in un'Italia ancora lontana dal boom e priva di televisione (ed è probabile che fossero davvero ben pochi gli ascoltatori che se ne ricordavano). Ma a noi interessa soprattutto accendere i riflettori sulle parole scritte a proposito di Steve Temple, che si riappropriava così della propria identità originale, dimenticando "l'amorevole e fedele Betty" del precedente sceneggiato, per farne un ritratto un po' meno edulcorato, e più in linea coi tempi che stavano cambiando:

"A fianco di Mr. Temple, troviamo l'inseparabile moglie Steve, giovane, avvenente e desiderabile che prodigandosi fino alle estreme conseguenze nella sua opera di collaborazione col marito, costituisce un raro ed impressionante esempio di affiatamento coniugale. Steve è una donna intrepida e coraggiosa, pronta ad assumersi spontaneamente gli incarichi più delicati, e ad intrattenere ed interrogare per conto suo gli individui sospetti; giovandosi inoltre del suo spiccatissimo intuito femminile, Steve è sempre disposta ad avanzare singolari ipotesi risolutive, quanto mai utili a Mister Temple nella razionale elaborazione del suo infallibile piano per l'identificazione del colpevole." (dal *Radiocorriere TV* n.11, datato 13/19 marzo 1960)

La settimana dopo in un secondo articolo, anche più breve, la redazione si diffuse però maggiormente in dettagli sulla trama:

"Un certo giorno Mr. Temple, che vive in perfetta pace familiare con la moglie Steve nei dintorni di Londra, ha l'onore di ricevere una visita importante e del tutto inattesa: Sir Graham Forbes, commissario capo e l'ispettore Vosper della Sezione Investigazioni Criminali vengono a sottoporgli un complicato enigma poliziesco con l'intenzione di associarlo nelle laboriose e infruttuose indagini iniziate. Da principio, Mr. Temple si mostra titubante e poco propenso a prestare attenzione al caso di due ragazze scomparse pressappoco nelle medesime circostanze. Il fatto che la prima di esse sia già stata trovata cadavere non l'impressiona granché, ma la sua fantasia di esperto cultore del genere giallo viene tuttavia attratta da un particolare singolarmente curioso. L'assassino, infatti, dopo aver strangolato la prima ragazza, ha inviato al di lei fidanzato una spilla, appartenente alla vittima, corredandola con la seguente frase cortese, vergata in inchiostro rosso: "Con i rispettosi omaggi di Mr. Gregory"; identico biglietto, inoltre, ha ricevuto, insieme ad un bracciale, il padre della seconda ragazza, tutt'ora irreperibile. Ma il fatto che costringe l'impassibile Mr. Temple a collaborare con Scotland Yard si verifica la sera stessa, quando tornando con la moglie da teatro, ha la sorpresa di trovare la seconda ragazza, data per scomparsa, strangolata nel proprio garage. Se Mr. Gregory ha voluto con ciò sfidarlo a singolar tenzone, Paul Temple è subito pronto a duellare da par suo. Immediatamente dà corso a capillari

120

*indagini, e gli interrogatori e i sopralluoghi si
avvicendano con ritmo febbrile. Così accade che
in questo secondo episodio, i coniugi Temple,
partiti insieme all'attacco, sfuggano per un soffio
a un pericoloso attentato; ma abbiano subito,
come riconferma, la fortuna di imbattersi in una
nuova vittima dell'implacabile, misterioso Mr.
Gregory. Conosceremo altresì un nuovo
personaggio, Sir Donald Murdo, che per aver
ricevuto, dopo la scomparsa della sua
raffinatissima amichetta, un biglietto del
sedicente Mr. Gregory con l'avvertimento
"Aspetta!", entra di colpo nella rosa dei
protagonisti di questa storia destinata ad
appassionare gli ascoltatori sino al compimento
del decimo ed ultimo episodio."* (dal
Radiocorriere TV n. 12, datato 20/26 marzo
1960)

Questo è tutto quello che sappiamo della trama di questo
serial radiofonico di cui purtroppo non sembra essere rimasta
traccia negli archivi RAI (anche se come sempre la speranza è
l'ultima a morire). Se avete notato una certa somiglianza fra
l'*incipit* di questa storia e quella precedente, non siatene
troppo stupiti: Durbridge, soprattutto nei suoi serial scritti per
la radio e in particolare nelle storie di Paul Temple, tendeva a
utilizzare elementi che si ripetevano spesso. Un caso classico
è quello costituito dal rapimento di Steve. In quasi tutte le sue
avventure Temple deve assistere regolarmente al rapimento (o
almeno al tentato rapimento) della moglie da parte dei
complici del misterioso *mastermind* di turno nel tentativo di
impedirgli di continuare ad indagare. Naturalmente il piano
dei criminali è altrettanto regolarmente sventato e Steve può
tornare sana e salva fra le braccia del marito. Altri due
elementi che ritornano abbastanza di frequente nelle storie
con Paul Temple sono l'inseguimento su strade di campagna
fra la macchina del protagonista e quella dei criminali (che
spesso finisce con quest'ultima a schiantarsi contro la spalletta

di un ponte se non addirittura con la caduta in un fiume), e quello dei due protagonisti che si ritrovano prigionieri in un edificio in fiamme o allagato e dal quale riescono a fuggire per il classico rotto della cuffia. Forse Durbridge contava sulla scarsa memoria dei suoi ascoltatori, o più probabilmente sulla loro abitudine a ritrovare situazioni che sapessero immediatamente riconoscere.

Il copione di *Paul Temple e il caso Gregory* fu tradotto da Ippolito Pizzetti e diretto da Giacomo Colli, e come dicevo più sopra, caso unico nelle trasmissioni radiofoniche italiane tratte da Francis Durbridge, registrato non negli studi della RAI di Firenze, come il precedente e tutti quelli successivi, ma in quelli di Torino, e di conseguenza interpretato da attori della compagnia di prosa locale. Per l'occasione quindi Paul Temple fu Gualtiero Rizzi, Steve fu Angiolina Quinterno, Sir Graham Forbes fu Gastone Ciapini, e l'ispettore Vosper, altro personaggio che tornerà più volte nelle inchieste dello scrittore detective, fu Iginio Bonazzi.

Le dieci puntate del serial, tutte della durata di circa 30 minuti, andarono in onda sul Secondo Programma della radio ogni lunedì alle 21,45 dal 14 marzo fino al 16 maggio 1960 nel corso dI *Giallo per voi* (come era già successo per *Paul Temple, romanziere poliziotto*), un ciclo di trasmissioni che durò molti anni e che fece conoscere agli ascoltatori italiani parecchi personaggi della letteratura poliziesca, tra cui il commissario Maigret di Georges Simenon, molto tempo prima che le sue storie arrivassero in tv. Per la cronaca, anche i dieci episodi di questa nuova avventura di Paul Temple ebbero ognuno un proprio titolo. Eccoli: *Con i rispettosi omaggi di Mr. Gregory, Dove compare Sir Donald Murdo, Il Madrid, L'alibi di Davos, Virginia Van Cleeve, Ritorna in scena Mister Zola, L'intuito femminile, Torna in scena Mr. Gregory, Il magazzino abbandonato* e *Mr. Gregory perde l'anonimo.*

3. *Preludio al delitto* (1960)

SCHEDA TECNICA
PRELUDIO AL DELITTO (1960) (Secondo programma radio) 22/11/1960 Puntate 1
Attori principali: Lucio Rama, Nella Bonora, Renata Negri, Alina Moradei, Antonio Guidi, Corrado Gaipa
Regia: Umberto Benedetto
Produzione originale BBC: *The Caspary Affair* (1946) e successive rielaborazioni
Traduzione: Paola Ferroni

Se Paul Temple faceva la parte del leone nei serial radiofonici di Francis Durbridge, questo non vuol dire che lo scrittore inglese abbia ideato per la radio solo ed esclusivamente storie con protagonista il suo personaggio più popolare, né che nei quattro decenni della sua carriera radiofonica abbia fornito alla BBC solo copioni per storie a puntate. In realtà, Durbridge ha scritto anche molti radiodrammi autoconclusivi e senza personaggi fissi, iniziando anzi la sua collaborazione come sceneggiatore proprio con brevi programmi di questo tipo, che non superavano l'ora di durata, messaggi pubblicitari compresi.

Dalle mie ricerche presso gli archivi RAI risulta tuttavia che solo uno di questi radiodrammi sia stato prodotto e trasmesso in Italia. Perché parto con questa premessa? Perché non sono sicuro al cento per cento che non ve ne siano stati altri. Infatti, mentre trovare, anche grazie alle preziosissime pagine del mai abbastanza lodato *Radiocorriere*, un serial in parecchie puntate e quindi trasmesso in un periodo di tempo relativamente lungo, è piuttosto semplice, molto più problematico può risultare individuare una trasmissione mandata in onda in un'unica serata. Se poi per una qualsiasi ragione viene omesso anche il nome dell'autore, trovarla diventa praticamente impossibile.

Io ho cercato in ogni maniera altri eventuali radiodrammi di Durbridge, sia attraverso gli archivi informatici del *Radiocorriere*, sia di quelli di RAI Teche, senza trascurare i siti di appassionati di radiofonia che potevano fornirmi magari indirettamente indizi della presenza di altri programmi del genere, ma senza successo, confermando l'idea che per qualche oscura ragione questo sia davvero l'unico radiodramma di Durbridge trasmesso dalla RAI (ma naturalmente resto aperto a qualsiasi ulteriore informazione in merito).

C'è inoltre da segnalare il fatto che alla pagina dei programmi radiofonici del *Radiocorriere* in data lunedì 22 novembre 1960, *Preludio al delitto*, trasmesso alle 21,45 sul Secondo Programma, ancora una volta nel ciclo *Giallo per voi*, viene presentato come "replica". E nonostante io abbia cercato e ricercato tracce di altre trasmissioni di questo radiodramma nelle settimane, nei mesi e perfino negli anni precedenti, che giustificassero questa annotazione, non sono riuscito a trovarne neanche una. Per cui debbo dedurne che quel "replica" in fondo alla lista dei titoli sia da considerarsi un refuso giornalistico.

Fatta questa debita premessa, passiamo ad occuparci del programma vero e proprio.

E cominciamo dicendo che innanzitutto è stato molto difficile riuscire a capire da quale testo in inglese di Durbridge, questo copione traesse origine. Partendo infatti dal titolo italiano, nessuno dei radiodrammi che durassero circa un'ora pareva avesse un corrispettivo in lingua inglese. Né sembrava che la trama di altri radiodrammi echeggiasse anche alla lontana parentele con questo; tanto da far sospettare che Durbridge stesso potesse averlo scritto direttamente per la radio italiana. L'ipotesi era meno improbabile di quanto possa sembrare, in quanto più volte lo scrittore inglese ha cambiato trame e finali delle sue opere per i mercati esteri, come abbiamo già visto anche nella parte di questo saggio dedicata alla Tv (e vedremo ancora in occasione di alcuni dei prossimi serial radiofonici). Tuttavia sembrava abbastanza complicato pensare che la RAI avesse incaricato Durbridge di scrivere un testo appositamente per il pubblico italiano, soprattutto in un'epoca in cui lo scrittore non era ancora popolarissimo da noi come sarebbe divenuto poi nel giro di pochi anni grazie alla televisione. Fu il mio amico Georg Pagitz (che ho debitamente citato nell'introduzione), appassionato come me di Durbridge, a risolvere il mistero riconoscendo nella trama di un radiodramma del 1946 (un anno evidentemente particolarmente prolifico per Durbridge), *The Caspary Affair*, decise affinità con *Preludio al delitto*, anche se i nomi dei personaggi risultavano tutti cambiati e la struttura stessa della storia era diversa. In tempi più recenti però altri elementi si sono aggiunti: tra il materiale d'archivio di Durbridge sono stati rinvenuti alcuni fogli appartenenti ad un copione per un eventuale film televisivo, inizialmente intitolato appunto *Prelude to Murder* (ma il titolo risulta poi cancellato a penna e sostituito da *Julian*). La presenza fra i personaggi di un autista che, come spiega una nota, apparirebbe solo in questa versione, lascia pensare che Durbridge avesse già scritto in precedenza la versione radiofonica, ma nel frattempo progettando di farne anche un prodotto per la tv, che poi però in qualche modo finì in nulla. Tuttavia in tutta evidenza, la trama doveva soddisfarlo in modo particolare poichè, successivamente partendo da questo copione, Durbridge lo sviluppò prima in un dramma in tre atti, mai in realtà messo in scena, a quanto mi consta, intitolato *Julian* (proprio come l'inedito script televisivo), e successivamente per una nuova versione teatrale, *Sweet Revenge,* che debitamente accorciata a soli due atti e con il finale cambiato, arriverà sulle scene negli anni novanta, come ultima sua opera prodotta con l'autore ancora in vita. Ecco comunque una rapida sinopsi della versione trasmessa dalla RAI.

Julian Kane è un celebre pianista ma anche un famigerato donnaiolo. Tra le sue "vittime", c'è Marion Garson una donna dell'alta società londinese che ha perso la testa per lui, e che adesso è resa pazza di gelosia perché il suo amante ha intrecciato una relazione anche con la sua migliore amica, Fay Mallion, moglie di Sir John Mallion, illustre medico psichiatra. Solo che questa volta l'amore sbocciato tra Kane e

Lady Mallion pare genuino, tanto da attirare su di lui l'odio del marito, affranto all'idea che lei voglia abbandonarlo. Kane inoltre ha buone ragioni per essere odiato anche da Alan, cognato di Sir John, a cui ha prestato tempo prima 800 sterline e di cui ora pretende la restituzione immediata. Dunque quando durante un ricevimento a casa di Marion Garson, l'uomo muore avvelenato da un cocktail a cui è stato aggiunto una dose fatale di un medicinale per il suo cuore debole, non c'è certo da stupirsi. Alla lista dei possibili sospettabili, è da aggiungere la stessa Fay che ha recentemente scoperto che Julian era assai meno sincero con lei di quanto volesse farle credere. Ma niente esclude che il delitto possa essere stato commesso da altri invitati a quella festa che potrebbero avere avuto ragioni sconosciute per ucciderlo come Judy, la giovane segretaria di Sir John, a cui è profondamente devota; Bill Yorke, innamorato senza speranza di Judy, ma con un amaro ricordo di un amore perduto del suo passato; o Charlotte, la cameriera di Marion, il cui solo ruolo nella storia sembra quello di introdurre gli ospiti e annunciare che la cena è servita, ma che invece poteva avere ragioni ignote per odiare la vittima. L'ispettore di polizia incaricato delle indagini non riesce a cavare un ragno dal buco ed una volta che il sospetto avrà toccato tutti nella cerchia del morto, sarà l'omicida stesso a farsi avanti dichiarando la propria colpevolezza.

Nelle storie più brevi, come si può notare anche da questa, Durbridge tende a trascurare le sue solite trame a base di organizzazioni criminali o spionistiche guidate da misteriosi quanto elusivi *mastermind*, per concentrarsi su vicende più intimiste, se vogliamo definirle così, spesso chiuse in un ambito famigliare, che ricordano quelle di Agatha Christie; tendenza che svilupperà poi più compiutamente in molte sue opere teatrali nell'ultimo scorcio della sua carriera.

Registrata ancora negli studi RAI di Firenze con la regia dell'onnipresente Umberto Benedetto e la traduzione di Paola Ferroni, vide fra gli interpreti, tutti appartenenti alla Compagnia di Prosa di Firenze, Lucio Rama nel ruolo di Sir John Mallion, Nella Bonora in quello di sua moglie Fay,

Adolfo Geri come il perfido e talentuoso Julian Kane, Antonio Guidi come Alan, Renata Negri come Judy, Alina Moradei come Marion Garson, Wanda Pasquini (una delle glorie del teatro vernacolare fiorentino) come la cameriera Charlotte, e Corrado Gaipa, attore caratterista televisivo, cinematografico e teatrale che negli anni a seguire diventerà uno tra i più rinomati doppiatori italiani, grazie alla sua inconfondibile voce roca, nei panni del giovane Bill Yorke.

Questa è per ora l'unica opera radiofonica di Durbridge ascoltabile sul sito di Raiplay Sound, la pagina di Raiplay dedicata alla radio e ai podcast.

4. *Paul Temple e l'uomo di Zermatt* (1961)

SCHEDA TECNICA
PAUL TEMPLE E L'UOMO DI ZERMATT (1961) (Primo programma radio) 17/07/1961 – 04/09/1961 Puntate 8
Attori principali: Adolfo Geri (Paul Temple), Renata Negri (Steve Temple), Giorgio Piamonti, Giuliana Corbellini, Lucio Rama
Regia: Umberto Benedetto
Produzione originale BBC: *Paul Temple and the Lawrence Affair* (1956)
Traduzione: Pietro Robespi

Il terzo serial di Paul Temple tradotto per gli ascoltatori italiani è in realtà il quindicesimo nell'ordine cronologico originale, datato 1956 con il titolo *Paul Temple and The Lawrence Affair*. Da noi invece va in onda nell'estate del 1961, e precisamente dal 17 luglio al 4 settembre, ogni lunedì per otto settimane, con il titolo *Paul Temple e l'uomo di Zermatt*, sempre per la trasmissione *Giallo per voi*, sempre alle 21,45 e sempre dalla sede RAI del capoluogo toscano con la Compagnia di Prosa di Firenze e la regia di Umberto Benedetto. Questa volta Paul Temple è Adolfo Geri che nel radiodramma *Preludio al delitto* dell'anno precedente sosteneva il ruolo della vittima Julian Kane, Steve è Renata Negri, Sir Graham Forbes è Giorgio Piamonti e l'ispettore Vosper (che chissà perché nella locandina del programma, all'elenco dei personaggi e degli interpreti, il Radiocorriere si ostina a chiamare invece "Ispettore Ivor", per poi restituirgli il suo vero nome nei riassunti settimanali) è Lucio Rama. La traduzione del testo originale fu affidata a Pietro Robespi.

Purtroppo, esattamente come per il precedente serial, sembra che anche de *L'uomo di Zermatt* non esistano più i nastri registrati, ed è un vero peccato perché dalla trama che si può ricavare dal *Radiocorriere*, doveva trattarsi di una storia particolarmente intricata ed intrigante. Eccovene come al solito un breve sunto.

Paul Temple, con l'inseparabile moglie Steve si reca a Downburgh, un villaggio di pescatori per passarvi una breve vacanza, ma ormai dovremmo saperlo che ogni occasione è buona per il nostro romanziere poliziotto per cacciarsi nei guai, anche involontariamente, e durante una gita in barca sul natante di un certo Bob Gardner, i due coniugi vengono fatti segno a colpi d'arma da fuoco di origine ignota che li lasciano indenni, ma feriscono ad un braccio il loro accompagnatore. Questo misterioso attentato porterà a tragiche conseguenze qualche giorno dopo, quando Gardner, proprio a causa del braccio ferito, perirà, nel tentativo di salvare un cane rimasto impigliato in uno scoglio. O almeno questo è il resoconto che ne dà il vecchio Salty West, uno strano tipo di vagabondo che afferma di aver cercato di aiutare Bob nel salvataggio ed essere stato invece testimone della sua morte.

Rattristati per l'esito infausto della vacanza, Paul e Steve se ne tornano a Londra, ma ad attenderli trovano Sir Graham Forbes, l'ormai noto sovrintendente di Scotland Yard, con una nuova richiesta per Temple: collaborare alle indagini sulla scomparsa di una giovane donna, Sylvia Ross, figlia del capo del Servizio Segreto. Tra i pochi indizi rilevati dalla polizia tra gli effetti della ragazza, un biglietto indirizzato al pianista di un locale notturno, sul quale si trovano un nome e un recapito: Clive Lawrence, Hotel Schweizerhof, Zermatt, Svizzera.

L'indizio potrebbe rivelarsi privo di sostanza se non fosse per una coincidenza quasi incredibile: anche fra gli effetti del defunto Bob Gardner, sua sorella Mary ha trovato un messaggio che il fratello avrebbe chiesto di consegnare proprio a Temple, recante lo stesso nome e lo stesso indirizzo. Chi è quindi questo misterioso signor Lawrence domiciliato a Zermatt in Svizzera, e cosa ha a che fare con la morte apparentemente accidentale di un pescatore e la scomparsa, o il rapimento, della figlia di un pezzo grosso del controspionaggio?

Il mistero s'infittisce ulteriormente quando nei pressi di Kensington, mentre sta recandosi dai Temple, Mary Gardner resta vittima dei colpi sparati da una macchina che passa a gran velocità, e Steve accorsa riesce a raccogliere solo le ultime parole della poveretta: "Attenta alla sua borsetta, non la perda, signora Temple!"

Il criptico avvertimento trova una spiegazione solo quando giunta ad un appuntamento col marito, Steve si accorge di non avere più con sé la sua borsetta e quando penserà di averla ritrovata, misteriosamente poggiata sul sedile posteriore della macchina, questa si rivelerà invece l'innesco di una trappola mortale, cui Steve sfuggirà per un pelo.

Ma all'indagine principale sulla scomparsa Sylvia Ross s'intrecciano anche altre piste che sembrerebbero avere poco a che fare, ma che convincono Paul che questa volta la sua fedele consorte sta correndo rischi superiori al solito. Quando per esempio indagando su una misteriosa Rolls Royce che è apparsa più volte nella vicenda, e che appartiene ad un ricco specialista in oculistica, il dottor Da Silva, Paul fa la conoscenza con il suo autista, tale Baker, che verrà ritrovato di lì a poco annegato nelle acque di un fiume. Nel portafoglio, l'ispettore Vosper e Paul trovano sei fotografie di Steve. Quindi l'uomo la stava tenendo d'occhio?

Inoltre Steve è sicura di avere visto precedentemente proprio in quella vettura Salty West, il vecchio vagabondo testimone della morte di Gardner, ma quando Temple va ad interrogarlo lo trova morente per un incendio nella sua baracca e l'unico risultato che ne ricava sono gli orecchini che sua moglie teneva nella borsetta scomparsa e che Salty aveva conservato per lei.

Un'altra pista porterebbe al direttore d'orchestra Johnny Teako, la persona a cui Sylvia Ross voleva inviare il messaggio ritrovato fra i suoi effetti contenente l'indirizzo e il nome del misterioso "uomo di Zermatt". Teako avrebbe anche rapporti con altri possibili indiziati della vicenda, come ad esempio il signor Burford, o il suo introvabile cugino Freeman (somigliante a lui, a suo dire, come una goccia d'acqua), o con il dottor Da Silva, ma interrogato l'uomo ammette rapporti puramente professionali solo con l'oculista, da cui si sarebbe recato per i suoi continui mal di testa, ma nega assolutamente di conoscere nessun altro coinvolto nella vicenda.

Coaì come, una volta liberata e restituita all'affetto della sua famiglia, Syvia Ross negherà di essere mai stata rapita e asserrirà di essersi solo assentata per una gita di qualche giorno.

Insomma i misteri si accavallano in una vicenda, come si vede molto complessa, in cui s'inseriranno altri personaggi il cui ruolo non è sempre chiarissimo, ma soprattutto altri attentati verranno attuati nei confronti dei due coniugi investigatori e in uno di questi, Paul dovrà temere di aver perso questa volta sul serio e definitivamente la sua Steve.

Anche gli episodi di *Paul Temple e l'uomo di Zermatt* furono caratterizzati ognuno da un proprio titolo, cosi come avveniva per l'originale inglese. Eccoli tutti in fila: *Le inezie, Salty West, La borsetta, Ritorno a Downburgh, Un regalo per Steve, Notizie di Sir Graham, Un altro indiziato, e Ritorno a Londra.*

Forse un piccolo indizio (se proprio vogliamo considerarlo tale) della crescente popolarità di Paul Temple anche presso il pubblico italiano possiamo averlo dal fatto più unico che raro che ogni singolo episodio dello sceneggiato fu commentato sul *Radiocorriere* per tutte le otto settimane della sua durata. Come dicevo più sopra questo non avveniva quasi mai perché le pagine dedicate alla radio tendevano a diminuire sempre più mentre la novità della televisione prendeva il sopravvento sulla sua più antica e nobile parente.

Quindi che un serial poliziesco *old-fashioned* trasmesso alla radio raccogliesse tanta attenzione giornalistica potrebbe sicuramente costituire un indizio positivo, se non fosse che da quel momento gli ascoltatori italiani dovranno aspettare parecchi anni prima che Francis Durbridge e il suo Paul Temple tornino alla radio a raccontarci una nuova storia.

5. *Margò* (1967)

SCHEDA TECNICA
MARGÒ (1967)   (Secondo programma radio) 19/06/1967 - 09/06/1967   Puntate 10
Attori principali: Aroldo Tieri (Paul Temple), Lia Zoppelli (Steve Temple), Giuliana Lojodice, Lucio Rama, Cesare Polacco, Francesco Sormano, Adolfo Geri, Corrado Gaipa
Regia: Guglielmo Morandi
Produzione originale BBC: *Paul Temple and the Margo Mystery* (1961)
Traduzione: Franca Cancogni

Quando, dopo una lunghissima attesa, nel giugno del 1967, il settore radiofonico della RAI riaprì le sue porte a Francis Durbridge, erano trascorsi sei anni e molte cose erano cambiate. In realtà quasi tutta la fiction radiofonica aveva trovato una precisa collocazione sul Secondo Programma, dove in uno spazio di poco meno di venti minuti, quotidianamente dal lunedì al venerdi intorno alle 10,00 del mattino (e spesso replicati nel pomeriggio o in serata sul Programma Nazionale), venivano mandati in onda sceneggiati di ogni tipo, per lo più tratti da classici della letteratura: da Dumas a Dickens, da Dostoevskij a Tolstoi, da Stevenson a Balzac; ma accanto agli adattamenti di questi grandi scrittori, trovavano posto anche i cosiddetti "originali radiofonici", testi scritti appositamente per la radio in più puntate, e la scelta di un autore come Francis Durbridge sembrava adattarvisi perfettamente. Inoltre adesso lo scrittore inglese non era più un quasi perfetto sconosciuto, ma era diventato uno degli autori di punta della tv italiana. I grandi successi di *La sciarpa* e *Paura per Janet*, trasmessi in tv qualche anno prima, ma più ancora del recentissimo *Melissa* che appena l'autunno precedente aveva raccolto davanti ai teleschermi una media di dieci milioni di spettatori a puntata, avevano reso Durbridge un nome popolarissimo ed immediatamente identificabile con il meglio del *mystery* di qualità. Insomma una garanzia. Era il momento quindi di sfruttare la sua popolarità anche attraverso il mezzo radiofonico. Restava da decidere quale delle sue tante opere per la radio opzionare per una versione italiana, visto che quelle trasmesse in passato dalla RAI non erano che una minuscola frazione di quanto prodotto da Durbridge nella sua lunga carriera come autore radiofonico, e in particolare di copioni con protagonista Paul Temple. Solo l'anno dopo, nel 1968, andrà in onda sulla BBC quella che si sarebbe poi rivelata l'ultima inchiesta dello scrittore detective, *Paul Temple and the Alex Affair* (in realtà un rifacimento di un suo classico degli anni 40, *Send for Paul Temple Again*), che portava il totale dei suoi serial a venti, quindi la scelta era piuttosto vasta.

Probabilmente se alla fine la preferenza cadde su *Paul Temple and the Margo Mystery* del 1961, diciottesimo serial con lo scrittore investigatore, fu perché il titolo citava un nome femminile e, per di più, con la stessa iniziale di *Melissa*. E per una più immediata identificazione si optò di lasciar cadere sia il nome del personaggio principale, che invece nei titoli originali tornava puntualmente, quanto l'inutile appendice *mystery* (trattandosi di un giallo il mistero era implicito), per concentrarsi su quel *Margo*, che in italiano diventò *Margò*, accentuando l'impressione che di nuovo tutta la storia sarebbe girata intorno ad una misteriosa figura di donna. Anche se le cose poi in realtà non stavano esattamente così, come capirete da questo riassunto delle prime puntate, ricavato come al solito dal *Radiocorriere*.

"L'investigatore privato Paul Temple si occupa di un caso assai misterioso: la scomparsa di Julia Kelburn, giovane figlia del ricchissimo industriale George Kelburn, il quale si è recentemente sposato in seconde nozze. Il padre sospetta che la ragazza sia fuggita da casa per gli ostacoli da lui posti al suo matrimonio con il cantante beat Tony Wyman. L'incarico assunto da Paul Temple su invito di George Kelburn

evidentemente non va a genio a qualcuno. Infatti ha un primo serio avvertimento dalla scomparsa della propria moglie Steve la quale, dopo essere stata sequestrata per un giorno, viene rimessa in libertà con questa minaccia: "Questo è solo un avvertimento per dimostrarvi che, se vogliamo, possiamo farlo". Nella macchina della signora Steve Temple, da cui era stata prelevata con uno stratagemma, viene trovato un mantello, che la donna non riconosce come suo, con l'etichetta "Margò".

Quel nome ricorrerà ancora in occasione del ritrovamento del cadavere, da parte della polizia, di Julia Kelburn. La povera ragazza viene infatti ripescata nel fiume dove è stata gettata dopo essere stata strangolata. Addosso ha un mantello con la stessa etichetta: "Margò". Paul Temple ha un altro minaccioso avvertimento: mentre si trova in automobile insieme al fidanzato di Julia, Tony Wyman, per interrogarlo sulla scomparsa della ragazza (di cui ignora ancora la tragica fine) viene investito di proposito da un'altra macchina che gli si dirige contro a grande velocità. Rimarrà ferito soltanto Tony Wyman. Altro fatto strano. George Kelburn, appena venuto a conoscenza della tragica fine della figlia, manda a chiamare Paul Temple e lo invita ad abbandonare le indagini. L'investigatore, però, decide di continuare l'inchiesta per proprio conto.

Proseguendo nelle indagini Temple viene a sapere che Julia si era fatta visitare da una specialista in psichiatria, la dottoressa Benkaray, la quale abita nei pressi di Londra, a Westerton. Là si reca e, nelle vicinanze della casa della psichiatra, trova per terra, agonizzante, un uomo: è Ted Angus, un altro investigatore il quale, prima di esalare l'ultimo respiro, lo invita

a rivolgersi alla signora Fletcher (una donna che
faceva le pulizie presso la dottoressa Benkaray)
per domandare a lei notizie... del mantello." (dal
Radiocorriere TV n. 26, datato 25 giugno/1°
luglio 1967)

Naturalmente la storia si arricchirà nel prosieguo di numerosi altri attentati ai Temple (e in particolare alla sua sfortunatissima moglie) da cui però riusciranno sempre a scamparla, e di altri cadaveri tutti riconducibili alla misteriosa "Margò" e ad una pericolosa e misteriosa organizzazione criminale che fa capo ad un non meno misterioso individuo, conosciuto solo come "Il Basista", che gestisce e controlla furti e rapine nella capitale inglese, impadronendosi poi di una ricca percentuale del ricavato. Come al solito il numero dei sospettabili che possono nascondersi dietro l'identità del "Basista" non è esiguo (fra gli altri, Mike Langdon, braccio destro di Kelburn; Linda Stafford, la seconda moglie di Kelburn e matrigna di Julia; la dottoressa Benkaray, la psichiatra di Julia, e il suo segretario Larry Cross; la signora Fletcher e suo figlio Bill, gestori di un'autorimessa, il cui finanziamento ha fonti piuttosto oscure; per non parlare dello stesso Kelburn, e di una ambigua chiromante che dispensa le sue profezie proprio con il nome di Margò), e i Temple dovranno sudare parecchio (anche perché fra l'altro rimarranno intrappolati in una villa in fiamme) prima di smascherarlo nel finale del serial, che però risulta ben diverso da quello della versione originale.

Abbiamo già visto che con l'avvento in tv di Biagio Proietti, i testi dei lavori televisivi di Durbridge venivano spesso alterati diventando talvolta qualcosa di totalmente diverso da come lo scrittore inglese li aveva concepiti. L'esempio più classico è probabilmente *Come un uragano*, dove sulla trama originale, Proietti innestò una storia parallela che la trasformò da una vicenda di uxoricidio e ricatti, nella caccia ad un'organizzazione criminale di scommesse clandestine sulle corse di cavalli. Ma anche il successivo *Lungo il fiume e sull'acqua*, pur con meno stravolgimenti, smascherava nel finale un complice del colpevole che Durbridge non si era mai sognato.

Tuttavia qui eravamo alla radio, e in un periodo in cui simili alzate d'ingegno, non sarebbero state giustificabili. E malgrado questo, nelle ultime battute della versione italiana del serial, Paul Temple smascherò un "Basista" diverso da quello del testo originale. Come era potuto avvenire?

Be', escludendo una trovata estemporanea inserita nell'adattamento italiano dalla traduttrice o dal regista, l'unica altra ipotesi è che lo stesso Durbridge abbia fornito alla RAI un copione con un finale modificato rispetto a quello che aveva scritto in origine. In realtà Durbridge non era nuovo a questi stratagemmi quando, per un motivo o per l'altro, il finale di una storia non lo soddisfaceva, magari perché si era sentito costretto a chiuderla in maniera affrettata a causa dei limiti di tempo nella consegna. Gli era già successo in passato con alcune storie scritte per le riviste, apparse successivamente all'estero (specialmente in Germania, mercato privilegiato per lo scrittore, che vi era particolarmente amato) in versione ampliata e con finali alternativi. Sempre per la Germania, negli anni 70, Durbridge scrisse una versione tutta nuova della terza ed ultima avventura di Tim Frazer, *The Mellin Fforrest Mystery*, che venne mandata in onda col titolo di *Das Messer* (*Il coltello*), con protagonista, personaggi ed eventi, assassino compreso, completamente cambiati. Ma anche l'Italia aveva già goduto di una nuova versione di una sua storia: *Preludio al delitto*, il radiodramma di un'ora di cui abbiamo già parlato, giunse in Italia in una versione fortemente rimaneggiata rispetto a quella originale. Quindi la tesi di un nuovo finale per la versione italiana di *Margò* non è totalmente priva di fondamento, e se lo mettiamo a paragone con un precedente testo radiofonico di Durbridge potremmo averne una ulteriore possibile conferma.

Il confronto va fatto con *Paul Temple and the Jonathan Mystery* del 1951, anch'esso uscito in versione italiana anni dopo, ma prodotto in Inghilterra esattamente dieci anni prima di *Paul Temple and the Margo Mystery*. Senza rivelare niente dei finali, diciamo che le scene conclusive dei due serial, quelle in cui il colpevole viene smascherato, si somigliano davvero tanto. In entrambe, il colpevole decide di partire improvvisamente (in aereo in un caso e in nave nell'altro), sentendo evidentemente il fiato di Paul Temple sul collo; in entrambe viene raggiunto dall'investigatore un momento prima della partenza; e in entrambe fra i due avviene un dialogo, che senza entrare nei dettagli, potrebbe essere quasi intercambiabile (nomi a parte) e in cui il colpevole, prima di arrendersi, s'informa cautamente su cosa i suoi complici già arrestati abbiano confessato. (Per non parlare di un altro particolare molto più importante che accentua in maniera decisa questa somiglianza, ma che qui non posso rivelare per non spoilerare clamorosamente il nome del colpevole.)

Io non so se fosse davvero dovuto alla fretta, o magari ad una mancanza d'ispirazione per il progressivo spegnersi del suo interesse per la radio in favore del mezzo televisivo che in quegli anni lo assorbiva fortemente, ma mi pare evidente che Durbridge abbia sfornato ai suoi compatrioti per *The Margo Mystery* una soluzione un po' troppo disinvoltamente copiata da quella di *The Jonathan Mystery*. Non sembra quindi fuori dal mondo che un autore serio, e talvolta persino perfezionista, come lui abbia sentito l'esigenza anni dopo, magari anche prima che in occasione della versione italiana del serial, di riscrivere il finale rendendolo sicuramente più intrigante e sorprendente di quello originale. E se è così, i fans italiani non possono che essergliene grati, anche perché sono gli unici ad averne goduto, visto che successivamente nuove versioni del serial non sono state registrate né in Inghilterra né altrove. L'ipotesi invece che il finale cambiato sia frutto dell'adattamento italiano, anche se non del tutto escludibile, mi pare meno verosimile in quanto, fra l'altro, la versione RAI di *Jonathan* sarebbe arrivata solo quattro anni dopo e quindi la somiglianza tra i due finali non era riscontrabile all'epoca per chi si occupò dell'adattamento. Inoltre non si vede proprio per quale motivo gli adattatori italiani (traduttrice e regista) avrebbero dovuto sobbarcarsi l'onere di cambiare un finale, soprattutto dato che l'interesse smosso da una fiction radiofonica non era neanche lontanamente paragonabile a quello che sollevava invece una fiction televisiva. Parliamo di un rapporto tra due o trecentomila ascoltatori al massimo, del mattino, contro le decine di milioni di spettatori che si radunavano invece intorno al teleschermo dopocena. Niente che potesse minimamente interessare eventuali giornalisti "ficcanaso".

La registrazione del serial avvenne come al solito con l'ausilio della Compagnia di Prosa di Firenze, ma per la prima volta agli attori della compagnia locale si unirono anche alcuni nomi celebri a livello nazionale, e il primo da citare non può essere che Aroldo Tieri, ben noto agli spettatori dei Durbridge televisivi per essere stato fra i protagonisti di tutti gli sceneggiati tv trasmessi fino ad allora (e di un altro che sarebbe stato trasmesso due anni dopo, *Giocando a golf una mattina*), apparendo in tutti i possibili ruoli, da quello di poliziotto a quello di sospettato, e che qui interpreta addirittura il personaggio principale, e cioè Paul Temple. Accanto a lui, sua moglie nella vita, Giuliana Lojodice, attrice di prosa e televisiva (anche lei fra gli interpreti del prossimo sceneggiato tv) come Linda Kelburn; Cesare Polacco, l'indimenticabile ispettore Rock dei caroselli della brillantina Linetti (ricordate? "Anch'io ho commesso un errore..."), come Mike Langdon; ancora Adolfo Geri come George Kelburn, Corrado Gaipa come Larry Cross, Saverio Moriones come Bill Fletcher, Wanda Pasquini come la signora Fletcher, sua madre, e Cecilia Polizzi come l'enigmatica chiromante Margò. Sir Graham Forbes fu questa volta Francesco Sormano, e a Lucio Rama toccò nuovamente un ruolo da poliziotto, l'ispettore Raine che prese il posto del solito Vosper. Infine, Lia Zoppelli fu la nuova Steve Temple. L'attrice tornerà ad interpretare lo stesso ruolo esattamente dieci anni dopo nell'ultimo serial radiofonico italiano di Durbridge.

Margò andò in onda dal 19 al 30 giugno 1967, come dicevamo, ogni giorno dal lunedì al venerdì per due settimane, alle 10,00 del mattino. Ma la nuova collocazione mattutina presentava una difficoltà: il tempo a disposizione per ogni puntata era poco più della metà di quello richiesto per un episodio originale, 17/18 minuti, riassunti e titoli compresi, contro i circa trenta degli originali. Questo richiedeva ovviamente un'operazione di *editing* che nei serial precedenti non era stata necessaria. La traduttrice/adattatrice, Franca Cancogni (la stessa degli sceneggiati tv) e il regista Guglielmo Morandi (che tornava a Durbridge dopo aver diretto l'esordio televisivo italiano dello scrittore britannico con *La sciarpa*) furono costretti quindi a fare l'esatto contrario di quello che avveniva in televisione. Non si trattava più di allungare i tempi per portare gli episodi di mezz'ora alla durata di un'ora, ma al contrario di accorciarli, sintetizzando gli eventi nei tempi richiesti. *Margò*, come quasi tutti gli altri serial con Paul Temple, durava nella versione inglese in otto episodi circa tre ore e mezzo; qui sarebbe stata ridotta di un'ora più o meno, e divisa in dieci puntate proposte quotidianamente (a differenza dell'Inghilterra dove la trasmissione era settimanale). Un'altra cosa che venne a cadere fu il titolo individuale degli episodi. Inoltre la scansione delle puntate italiane non poteva rispettare i colpi di scena studiati da Durbridge per chiudere ogni episodio della versione inglese e lasciare gli ascoltatori in sospeso nell'attesa di quello successivo. Pertanto la Cancogni e Morandi dovettero ristrutturare la vicenda facendo in modo che comunque, nel rispetto dello stile dell'autore, ogni puntata si chiudesse col debito *cliffhanger*, anche se non corrispondeva sempre a quello originale. Si trattava di un lavoro delicato: in pratica pur "asciugando" i dialoghi nei tempi morti, nessun evento della trama andava trascurato ed alcuni aspetti che nella versione inglese erano narrati in terza persona (come per esempio un attentato ad un testimone importante nelle ultime fasi della vicenda) divennero elementi che l'ascoltatore poteva "vivere" in diretta, creando così dei *cliffhangers ad hoc* per il pubblico italiano. Questo nuovo metodo di lavoro divenne poi abituale nelle avventure radiofoniche di Paul Temple trasmesse dalla RAI negli anni successivi. Con l'unica eccezione del serial (senza Temple) di cui parleremo adesso e che venne mandato in onda l'anno seguente.

Oltre che nella versione integrale ascoltabile su richiesta negli archivi di RAI Teche, *Margò* si può ascoltare anche in versione "ricompattata" (cioè senza titoli e riassunti) su Youtube.

6. *La Boutique* (1968)

SCHEDA TECNICA
LA BOUTIQUE (1968)
(Secondo programma radio) 07/09/1968 - 05/10/1968
Puntate 5
Attori principali: Andrea Checchi, Arnoldo Foà, Adolfo Geri, Lia Zoppelli, Mico Cundari, Renata Negri, Ilaria Occhini
Regia: Guglielmo Morandi
Produzione originale BBC: *La Boutique* (1967)
Traduzione: Amleto Micozzi

La Boutique fu l'ultimo serial originale scritto da Durbridge per la radio ed ebbe una genesi particolare. Come dicevo più sopra, completamente assorbito dalle sue sceneggiature per la tv, lo scrittore non produceva più lavori radiofonici originali (quindi non rimaneggiamenti di vecchi copioni) da almeno un paio di anni. Il più recente, il diciannovesimo serial della saga di Paul Temple, era stato *Paul Temple and the Geneva Mystery* del 1965 (mai tradotto nel nostro paese), e quello precedente, *Paul Temple and the Margo Mystery*, di cui abbiamo appena parlato, datava addirittura a sette anni prima. Durbridge riteneva probabilmente ormai chiusa la sua carriera di scrittore radiofonico, quindi fu forse una sorpresa quando l'*European Broadcasting Union*, il consorzio delle emittenti radiofoniche europee, gli commissionò un nuovo serial per la radio che sarebbe andato in onda per il mercato continentale e il Commonwealth, l'insieme di paesi ancora sotto l'egida economica e/o governativa, della Gran Bretagna. Si trattava di un incarico importante che, oltre a testimoniare la popolarità di Durbridge, gli avrebbe allargato gli orizzonti verso paesi mai raggiunti prima. Lo scrittore aderì alla richiesta, ma rinunciando al suo celebre personaggio. Non accadeva più dagli anni 40 che Durbridge scrivesse un serial radiofonico senza Paul Temple.

Lo sceneggiato venne trasmesso in quindici paesi, fra i quali il nostro, fra il 1967 e il 1968. La versione italiana,

141

diretta da Umberto Benedetto, e registrata per la prima volta nei nuovi studi RAI di Firenze appena inaugurati, andò in onda a cadenza settimanale sul Secondo Programma, dal 7 settembre al 5 ottobre 1968, in cinque episodi, privi di titolazione individuale anche in origine, senza tagli e rispettando la durata di circa quaranta minuti l'uno degli originali, il sabato alle 20; e vedeva tra i protagonisti Andrea Checchi (atteso anche lui l'anno dopo in tv per *Giocando a golf, una mattina*), Arnoldo Foà e Ilaria Occhini, nuovi importanti nomi ad entrare nel parco-attori di Durbridge, ancora coadiuvati dalla Compagnia di Prosa di Firenze. Eccezionalmente, la traduzione non venne curata dalla Cancogni, ma da Amleto Micozzi. Ecco come il *Radiocorriere* presentò la trasmissione:

> *"Per gli appassionati del giallo,* La Boutique *costituirà senza dubbio un invito particolarmente persuasivo. A raccomandare la trasmissione basterebbe infatti il nome dell'autore, quel Francis Durbridge che, per coloro che seguono assiduamente radio e televisione, rappresenta ormai una vecchia conoscenza. Del fortunatissimo autore inglese la televisione italiana ha già trasmesso nel 1963* La sciarpa *e* Paura per Janet *e, più recentemente* Melissa, *mentre la radio ha mandato in onda con eguale successo* Margò. *L'internazionalità della fama che Durbridge è ormai riuscito a conquistarsi è sufficientemente documentata, ci sembra, dal fatto che il nuovo giallo radiofonico che stiamo presentando è stato commissionato al suo autore dall' UER, e cioè dall'Unione Europea di Radiodiffusione: un'ente che è in grado di garantire un ascolto di decine di milioni di utenti sparsi in tutto il continente. Le ragioni di un successo così universale? Una straodinaria capacità di inventare intrecci abbastanza movimentati per suggerire al gusto della*

"detection" propria dei patiti del giallo mille ipotesi, all'apparenza tutte ugualmente plausibili; la verosimiglianza del colpo di scena finale, che scioglie tutti i nodi senza contravvenire la logica del rapporto causa-effetto; un'attenta caratterizzazione, infine, dei personaggi e degli ambienti in cui si muovono, senza che questo comporti la pretesa di indagini psicologiche o sociali troppo impegnative. Da buon artigiano, Durbridge si accontenta di mettere a punto congegni il cui unico scopo è di far scattare fin dalle prime battute la molla della curiosità dello spettatore e di non concederle requie se non un minuto dopo che la vicenda è stata sugellata dall'immancabile lieto fine.

È proprio questo il caso de La Boutique *che prende nome, ovviamente, dall'ambiente che fa da sfondo alla complicata vicenda nella quale si trova coinvolto, in maniera quanto mai personale, il sovrintendente Robert Bristol. Il primo cadavere in cui costui s'imbatte è proprio quello infatti di suo fratello Lewis, un brillante compositore di musica, assai fortunato con le donne, che è stato trovato assassinato nella boutique di Eve, di cui la vittima, prima del divorzio, era stato per qualche tempo il marito. Man mano che le indagini proseguono, nell'ispettore si fa strada il sospetto che la boutique sia diventata, all'insaputa della candida cognata, l'epicentro di traffici oscuri, di cui riuscirà a ricostruire le fila solo quando avrà individuato il ruolo di ciascuno dei molteplici personaggi, tutti enigmatici che entrano in scena."* (dal *Radiocorriere TV* n. 36, datato 1°/7 settembre 1968)

L'anonimo autore di questa presentazione descrive piuttosto bene in poche righe la "filosofia gialla" del Durbridge

143

radiofonico, trame convulse, piene di *cliffhanger* e *twist*, in cui si dà poco spazio alla psicologia dei personaggi (Paul Temple e sua moglie, nelle loro storie, sono poco più che figure bi-dimensionali che hanno l'unico scopo di condurre l'indagine e di cui sappiamo solo i dati essenziali; mentre gli altri, poliziotti, sospettati, vittime ed assassini, rimangono in scena solo il tempo necessario a svolgere il loro ruolo) come del resto è richiesto dalle regole del giallo di pura *detection*. Ma non tiene conto invece del Durbridge televisivo (e più tardi di quello teatrale), in cui invece la trama poliziesca si sposa a tentativi di introspezione psicologica almeno del personaggio principale che si trova coinvolto in vicende spesso più grandi di lui, come accade ad esempio, in *Paura per Janet*, in cui Clive Freeman vive, insieme al problema di essere tra i sospettati di una trama criminale, l'incubo di un padre che teme per l'incolumità della figlia; oppure come in *Melissa*, dove Guy Foster, oltre al lutto per l'assassinio della moglie deve anche confrontarsi con un'immagine di lei di cui non era assolutamente a conoscenza. I tentativi di Durbridge, a volte velleitari, a volte più riusciti (e questo grazie anche agli adattamenti stranieri, in particolare italiani, delle sue opere) di dare una maggiore tridimensionalità ai suoi protagonisti televisivi, rieccheggiano anche in questo ultimo serial radiofonico, poiché il suo protagonista, pur essendo un poliziotto resta coinvolto a livello umano nella dolorosa indagine che si trova a dover condurre. E vediamone la trama un po' più da vicino.

Lewis Bristol, noto musicista inglese residente negli Stati Uniti, s'innamora dell'avvenente Virginia. Pare che anch'essa lo ami ma quando lui la chiede in sposa, Virginia scompare. Dopo aver tentato invano di rintracciarla, Lewis si reca a Londra per chiedere aiuto al fratello Robert, alto funzionario di Scotland Yard, ma Robert si rifiuta di cercare per Lewis questa fantomatica ragazza. Non è infatti la prima volta che gli amori di Lewis si dimostrano fuochi di paglia. Così accadde con Eve, la donna da cui divorziò poco dopo averla condotta all'altare. Ora Eve dirige a Londra una boutique e proprio da lei Robert, che si appresta a partire per una vacanza a Venezia presso la sorella Katherine che vive lì sposata con un italiano, è incaricato di portare la cintura di un vestito che Katherine acquistò dalla ex-cognata. Senonché, una volta in Italia, Robert non trova più la cintura nel bagaglio. Inoltre viene a sapere che il miliardario Rolf Winter, conosciuto dal fratello in America, è passato da Venezia diretto a Londra con una certa Virginia che presenta come sua moglie e che sembra proprio la ragazza inseguita da Lewis. Sempre più perplesso, Robert riceve senza altre spiegazioni una misteriosa busta contenente solo una foto della boutique di Eve. A Londra nel frattempo, viene scoperto il cadavere di Lewis, pugnalato nella stessa boutique. Addosso a lui, stranamente si rinviene la cintura smarrita dal fratello poliziotto.

Sconvolto dalla notizia, Bristol prende in mano le indagini, coadiuvato dall'amico e collega ispettore Daly, e scopre che Eve, a cui è legato da un sentimento mai veramente espresso, si era incontrata poco prima del delitto proprio con l'ex-marito che le aveva affidato una busta da spedire qualora gli fosse accaduto qualcosa. La lettera che Robert preleva è indirizzata a Winter, l'uomo che era a Venezia con la presunta Virginia, e contiene minacce rivolte al miliardario ma che Lewis ha firmato col nome del fratello poliziotto. Altro fatto sconcertante: una cintura, identica a quella rinvenuta addosso al cadavere e misteriosamente sottratta a Robert, è rintracciata nel camerino di un popolare cantante, Barry Nelson, vittima a sua volta di un'oscura aggressione. Robert ha appena appreso da Pearl Mortimer, socia di Eve, che l'ex-cognata conosceva bene questo cantante, quando la medesima Eve gli telefona scongiurandolo di correre subito da lei. La donna è stata aggredita da due uomini che cercavano la lettera senza sapere che questa è ora in possesso della polizia. Convinto del coinvolgimento di Winter, Bristol lo interroga, ma l'uomo ostenta la più assoluta estraneità alla faccenda. Intanto Virginia segretamente fa sapere a Robert che quando frequentava Lewis, costui gli aveva indicato un certo Karl May come persona capace di ammazzarlo. Karl May, che è l'impresario del cantante Barry Nelson, a quanto sembra, è anche tra le amicizie di Eve, e aveva sempre manifestato una profonda insofferenza per l'ucciso che a suo dire usurpava la fama di grande compositore con musiche altrui. Questa fitta ragnatela di misteri potrebbe squarciarsi quando la moglie di Nelson promette di svelare finalmente i retroscena dell'aggressione subita dal cantante ma la donna viene ferita in una sparatoria nella quale resta colpito a morte l'indiziatissimo Winter. E solo dopo un ultimo decisivo colloquio con la vedova dell'americano, Bristol riuscirà a riunire tutti i pezzi del puzzle che gli permetteranno finalmente di dare un volto al killer di suo fratello.

Come s'intuisce da questo pur sommario riassunto, *La Boutique*, per la complessità della trama e l'approfondimento dei caratteri dei personaggi, non avrebbe sfigurato fra i copioni televisivi dello scrittore inglese. L'indizio della misteriosa cintura che appare e scompare ne fa un classico Durbridge facilmente riconoscibile dai suoi fans, e anche l'identità del colpevole risulta piuttosto sorprendente. Insomma, con quest'ultimo copione, Durbridge chiuse alla grande la sua carriera di autore radiofonico. (L'opera successiva, l'ultima in assoluto, *Paul Temple and the Alex Affair*, datata 1968, altro non era che un rimaneggiamento di un suo vecchio copione degli anni 40, *Send for Paul Temple Again*.)

Inoltre la versione italiana, come dicevo più sopra, si avvalse dell'indiscutibile talento di alcuni grandi attori, che seppero dare ancora maggior risalto ai personaggi. Il grandissimo Arnoldo Foà fu Lewis Bristol, ucciso alla prima puntata, ma di ritorno in quelle successive in alcuni sapienti *flashback*; ma non da meno furono gli apporti di Andrea Checchi, notissimo attore televisivo e cinematografico dell'epoca, nel ruolo di Robert Bristol, e quello dell'indimenticabile Ilaria Occhini, uno dei volti più belli del cinema e della televisione italiana degli anni 60 e 70, nella parte dell'ambigua Eve Bristol. Per gli altri ruoli segnaliamo Mico Cundari come l'ispettore Daly, Lia Zoppelli come Virginia Allen, e un quasi esordiente Orso Maria Guerrini, futuro divo televisivo degli anni 70, come il sergente Thornton; oltre ai soliti bravissimi attori della Compagnia di

Prosa di Firenze, fra cui Adolfo Geri come Rolf Winter, Renata Negri come Katherine Lozzi, la sorella dei Bristol, Carlo Ratti come Karl May e Gemma Griarotti come Pearl Mortimer.

Essendo la trasmissione collocata in prima serata disponiamo eccezionalmente dei dati di ascolto e di gradimento: secondo il Servizio Opinioni della RAI il programma raccolse mediamente 300.000 ascoltatori per puntata con un indice di gradimento del 77%, che in epoca di boom della tv è un notevolissimo risultato.

La Boutique è ascoltabile in versione integrale negli archivi di RAI Teche, ma anche in versione "ricompattata" su Youtube.

7. *Chi è Jonathan?* (1971)

SCHEDA TECNICA
CHI È JONATHAN? (1971) (Secondo programma radio) 12/04/1971 - 23/04/197 Puntate 10
Attori principali: Mario Feliciani (Paul Temple), Lucia Catullo (Steve Temple), Adolfo Geri, Cesare Polacco, Corrado Gaipa, Didi Perego
Regia: Umberto Benedetto
Produzione originale BBC: *Paul Temple and the Jonathan Mystery* (1951)
Traduzione: Franca Cancogni

Se *Margò* e *La Boutique* colsero il loro momento in un periodo di crescente popolarità di Durbridge in Italia, tre anni dopo il nuovo serial radiofonico con Paul Temple arrivò alla RAI quando lo scrittore inglese era al colmo della notorietà nel nostro paese. Il giallo a puntate in genere era tra le trasmissioni più seguite della televisione dell'epoca. Non solo Durbridge, ma anche il tenente Sheridan di Ubaldo Lay, il Maigret di Gino Cervi, il Nero Wolfe di Tino Buazzelli, per citare solo alcuni dei personaggi più conosciuti al grosso pubblico, raccoglievano i consensi di milioni e milioni di spettatori (cifre che con lo spezzettamento del pubblico tra gli innumerevoli canali che esistono ai giorni nostri, farebbero impallidire quelli che oggi sono ritenuti grandissimi successi). Restando a Durbridge, nel 1969, sul Programma Nazionale tv, era andato in onda *Giocando a golf una mattina*, nel 1970 era stato il turno di *Un certo Harry Brent*, e in quegli stessi mesi del 1971 stavano per cominciare le riprese di *Come un uragano*, che a tutt'oggi in Italia ha il record fra gli sceneggiati gialli televisivi, con oltre ventidue milioni di spettatori a puntata (e venticinque milioni nell'ultima!).

Fu in questo clima di enorme popolarità del giallo, e di Durbridge in particolare, nel nostro paese, che sul Secondo Programma radiofonico, Paul Temple fece il suo grande ritorno con *Chi è Jonathan?* (*Paul Temple and the Jonathan Mystery*, 1951), quello a cui accennavo prima, tredicesimo serial con lo scrittore investigatore. Come per *Margò* si optò per un titolo più semplice e d'effetto che concentrasse l'attenzione del pubblico su quello che era l'enigma centrale della vicenda, cioè l'identità di Jonathan, l'ignoto mittente di una serie di cartoline e messaggi che continuavano ad apparire tra un cadavere e l'altro di una storia particolarmente intricata.

Per l'occasione il *Radiocorriere* celebrò il nuovo serial giallo (ulteriore prova, se ancora ce ne fosse bisogno, dell'estrema popolarità dell'autore inglese) con un servizio a doppia pagina sul programma, arricchito dalle fotografie di alcuni interpreti e dello scrittore stesso. Si tratta di un articolo pieno di imprecisioni (datava, ad esempio, l'affermazione di Durbridge come autore di gialli agli anni cinquanta invece degli anni trenta, e gli attribuiva due figlie femmine anziché due maschi), ma era comunque un fatto più unico che raro che la rivista televisiva per eccellenza dedicasse tanto spazio ad una fiction radiofonica del mattino. Ne riporto i passaggi più interessanti relativi alla produzione:

> Chi è Jonathan? *è stato ridotto per la radio da Umberto Benedetto che con Durbridge aveva già avuto a che fare. Anzi è stato proprio lui a scoprirlo nel 1952* (N.d.A: in realtà era il 1953), *allestendo un suo sceneggiato. Messinese di nascita, fiorentino d'adozione, è alla radio da ventisette anni. È il regista radiofonico per eccellenza: quattromila lavori nel campo più vario della produzione, dai programmi pubblicitari dei detersivi agli sceneggiati più impegnati, dal Chlorodont a Thomas Mann. [...] Quando gli è capitato sottomano il copione di* Chi è Jonathan? *ha afferrato al volo che si trattava di una cosa grossa. [...] Ma per fare centro gli servivano attori selezionatissimi e una sceneggiatura agile, aggressiva. Ci ha messo tre*

149

mesi a realizzarla e alla fine, risultati alla mano,
se ne è dichiarato pienamente soddisfatto. [...]
C'è stata suspense anche negli studi fiorentini
della RAI. Nella troupe c'era gente ferratissima
in gialli. Attori con l'abitudine oramai incarnata
di non prendere sonno prima di divorare un
Agatha Christie, un Ellery Queen, un Harmon
Coxe. Nasce così spontaneo una specie di
concorso, un "chi è Jonathan?" ad uso e
consumo del cast. Giudice di gara lo stesso
Benedetto, unico a conoscere fino a quei fatidici
ultimi dieci minuti, la conclusione della storia.
Hanno bucato tutti, nemmeno uno che si fosse
avvicinato di qualche passo all'enigma. Lo stesso
gioco potranno organizzarlo tra di loro gli
ascoltatori." (dal *Radiocorriere TV* n. 15, datato
11/17 aprile 1971)

Come si vede, l'organo di stampa dell'emittente di stato, ha
l'intento di presentare questo serial radiofonico al pubblico
sulla spinta emotiva della caccia al colpevole come faceva
regolarmente con i suoi più illustri "parenti" televisivi. Non
siamo proprio dalle parti dei tanti finali alternativi, o della
distruzione delle pagine conclusive del copione come si
favoleggiava fosse accaduto per *Melissa* o *Un certo Harry
Brent*, ma ci correva poco. Tanto è vero che la sigla iniziale
del programma era preceduta da una voce stentorea che prima
dei titoli rivolgeva agli ascoltatori la fatidica domanda: "Chi è
Jonathan?", come una specie di sfida.

Ed ecco, come al solito, una sintesi della trama: Richard
Fergusson, figlio di un ricco commerciante di New York,
viene trovato ucciso nel suo alloggio all'università di Oxford,
dove studia, con un colpo di pistola sparatogli in pieno viso.
Paul Temple che, insieme alla moglie Steve, ha conosciuto
casualmente durante un viaggio i genitori del giovane si vede
affidare l'incarico di scoprire l'assassino dal padre di lui. Da
chi e perché è stato ucciso Richard? Non per furto, perché
l'unico oggetto mancante è un modesto anello a sigillo che la

vittima portava abitualmente al dito. Non per odio o vendetta personale, perché non risulta che avesse nemici, anche se la fidanzata, Dinah Nelson, parla con risentimento del legame esistente fra Richard e una specie di sirena letteraria, Mavis Russell, scrittrice alla moda. Unico elemento che solleva la curiosità di Temple e della polizia nella persona dell'amico Sir Graham Forbes e dell'ispettore Gerard, incaricato delle indagini, è una cartolina indirizzata a Richard da un certo Jonathan che nessuno sembra conoscere. Per una strana coincidenza (ma ormai sappiamo che nelle storie di Durbridge le coincidenze non sono mai tali) anche Dinah ha ricevuto un biglietto a firma Jonathan, che anche lei afferma di non aver mai sentito nominare. Su entrambi lo stesso messaggio, innocente in apparenza: "Mi sto divertendo un mondo. Jonathan." Chi è quindi questo misterioso Jonathan, a quanto pare ignoto a tutti? Per iniziare la sua inchiesta, Temple si rivolge ad una sua vecchia conoscenza, Red Harris, un pregiudicato che è stato visto ad Oxford nei giorni precedenti l'assassinio e che si ha motivo di ritenere coinvolto. Il colloquio viene interrotto da una sventagliata di proiettili sparati da una macchina sconosciuta e l'unica ammissione che Temple riesce a strappare al suo terrorizzato testimone sono poche e stentate parole. "Hanno dimenticato l'anello". Evidentemente il riferimento è all'anello con sigillo portato via dal corpo della vittima, ma se in realtà l'anello è l'unica cosa rubata perché Harris afferma che è stato dimenticato? Ma all'improvviso un colpo di scena ribalta i termini del caso: Helen Fergusson, la madre di Richard si precipita insieme al marito dai Temple, affermando di avere appena visto, davanti all'ingresso dell'albergo dove alloggiano, Richard vivo e vegeto che la fissava dall'altra parte della strada, per scomparire poi subito dopo tra la folla. Se la donna non ha avuto un'allucinazione e Richard è davvero vivo, allora a chi appartiene il cadavere trovato nel suo appartamento? Senza contare che il redivivo Richard, da vittima, passerebbe così in cima alla lista dei possibili assassini. Chi infatti meglio di lui aveva la possibilità di attirare nella sua stanza qualcuno, ucciderlo, e poi vestirlo con i suoi abiti, facendolo passare per sé stesso? Temple sta cercando una risposta a questa domanda quando Richard torna a farsi vivo per telefono questa volta con il padre, chiedendogli di recarsi in un alberghetto in cui soggiorna sotto falso nome per portargli del denaro. Approfittando di un malore del vecchio Fergusson, causato dall'emozione di risentire la voce del figlio che credeva morto, Temple lo convince facilmente ad affidargli la somma per portarla a Richard al suo posto, assicurandogli che non avvertirà la polizia. Ma una volta giunti sul posto, lui e Steve, non trovano ad aspettarli Richard, bensì il cadavere di Red Harris, assassinato.

E con questo perfetto e spiazzante colpo di scena "alla Durbridge", interrompo qui questo riassunto di uno dei serial più belli ed appassionanti dello scrittore inglese. Aggiungo solo che ovviamente al termine della storia, Temple troverà tutte le risposte che cercava e riuscirà altrettanto ovviamente a dare un nome un po' meno vago al misteriosissimo Jonathan, dietro al cui pseudonimo si nasconde lo spietato capo di un'organizzazione internazionale dedita al furto e allo smercio di eleganti e costosissime automobili di lusso.

Così come con *Margò*, e con i due restanti serial radiofonici con Paul Temple che seguiranno negli anni a venire, i titoli individuali degli episodi furono eliminati e il testo originale fu ridotto dagli otto episodi di poco meno di mezz'ora, in dieci puntate della durata di poco più di un quarto d'ora, senza però nulla togliere allo scorrere degli eventi e alla drammaticità della storia che grazie alla puntuale traduzione dell'immancabile Franca Cancogni (di ritorno dopo la defezione de *La Boutique*) e all'ottimo adattamento del regista acquistarono in ritmo e dinamicità.

Chi è Jonathan? andò in onda dalla sede fiorentina della RAI per due settimane, dal 12 al 23 aprile 1971, ogni giorno dal lunedì al venerdì, alle 10 del mattino sul Secondo Programma. Era la quinta trasposizione italiana di un serial con Paul Temple e ancora una volta i ruoli principali toccarono a due nuovi attori: Paul Temple fu Mario Feliciani, popolare attore radiotelevisivo e teatrale, dallo stile contenuto e molto "inglese" che ben si adattava al personaggio, mentre

152

Steve fu Lucia Catullo (che sarebbe tornata a interpretare il ruolo quattro anni dopo nel serial successivo). Gli altri attori "esterni" furono Cesare Polacco nel ruolo di Sir Graham Forbes, e poi Vittorio Sanipoli, Didi Perego, Corrado Gaipa, ormai tra le presenze quasi fisse nei serial radiofonici di Durbridge; mentre alla Compagnia di Prosa di Firenze, appartenevano tra gli altri Adolfo Geri, Cesarina Gheraldi e Dario Mazzoli, nei ruoli della famiglia Fergusson, rispettivamente padre, madre e figlio.

Di *Chi è Jonathan?* non esiste, almeno per il momento, una versione sul web, e l'unico modo per ascoltarlo resta l'archivio di RAI Teche.

8. *La ragazza scomparsa* (1975)

SCHEDA TECNICA
LA RAGAZZA SCOMPARSA (1975)   (Secondo programma radio) 17/02/1975 – 28/02/1975   Puntate 10
Attori principali: Alberto Lupo (Paul Temple), Lucia Catullo (Steve Temple), Max Turilli, Antonella della Porta, Carlo Ratti, Vittorio Sanipoli, Claudio Gora
Regia: Umberto Benedetto
Produzione originale BBC: *Paul Temple and the Conrad Case* (1959)
Traduzione: Franca Cancogni

Nella prima parte di questo excursus nella storia fra Francis Durbridge e la RAI, abbiamo visto come circa a metà degli anni 70, improvvisamente (e, secondo me, del tutto ingiustificatamente, visto il gradimento che i suoi programmi ottenevano) l'emittente di stato cominciò a mostrare una certa freddezza verso lo scrittore inglese. Nonostante i suoi due ultimi serial televisivi avessero raggiunto vette di ascolto mai toccate prima, i nuovi vertici della RAI, nella loro frenesia di "svecchiamento" dei palinsesti, trascurarono per anni le opere di Durbridge che evidentemente ritenevano legato ad un tipo di fiction che non apparteneva a quell'attuale momento. L'ultimo sceneggiato trasmesso in tv, *Lungo il fiume e sull'acqua*, risaliva ai primi mesi del 1973, mentre l'ultimo serial radiofonico, l'appena esaminato *Chi è Jonathan?*, era addirittura del 1971. Naturalmente il ricordo dell'autore era mantenuto in vita dalle repliche dei suoi programmi, specialmente nei mesi estivi, quando il Secondo Programma della radio aveva ritrasmesso sia *Margò* che *La Boutique*, ma nessun nuovo sceneggiato appariva all'orizzonte. Per la televisione avremmo dovuto aspettare fin oltre la metà del decennio (sia il dramma teatrale *A casa una sera...*, che lo sceneggiato *Dimenticare Lisa* sarebbero arrivati solo nell'autunno-inverno del 1976), mentre per la radio le cose andarono un pochino meglio. La nuova avventura di Paul Temple approdò ai microfoni della solita sede RAI di Firenze nel febbraio del 1975, e precisamente da lunedì 17 a venerdì 28, nell'ormai consueta formula delle dieci puntate trasmesse al mattino dei giorni feriali (anticipate dalle 10 alle 9,35) sul Secondo Programma. Ma questa volta agli attori della compagnia di prosa locale si aggregò un vero pezzo da 90 dello spettacolo, forse l'attore più popolare ed amato di quegli anni: Alberto Lupo. Osannato dal pubblico italiano (principalmente femminile, ma non solo) fin dal 1963 per il ruolo del dottor Manson in *La cittadella* di Cronin, Lupo era stato protagonista anche di due sceneggiati televisivi di Durbridge, *Un certo Harry Brent* e *Come un uragano* nel biennio '70-'71, e ora tornava a Durbridge nel ruolo del suo investigatore per eccellenza: Paul Temple. Lucia Catullo, dopo *Chi è Jonathan?*, era di nuovo Steve Temple; il ruolo di Sir Graham Forbes questa volta toccò a Carlo Ratti, mentre l'altro nome di rilievo che si trovò a condividere il centro del palcoscenico, per così dire, con Lupo, fu Claudio Gora, grande attore di teatro (che però il grande pubblico conosceva più che altro come padre di Andrea Giordana, protagonista de *Il conte di Montecristo*, il mitico sceneggiato degli anni 60) che interpretava il dottor Conrad, il cui nome dava il titolo alla versione originale del serial, *Paul Temple and the Conrad Case*, diciassettesimo serial con Paul Temple, datato 1959.

Ma nonostante la scelta di nomi così importanti, Durbridge, almeno nella mente dei nuovi dirigenti RAI, non costituiva più il richiamo di qualche anno prima e il *Radiocorriere*, da fedele adepto della nuova dirigenza, lo inserì nella scaletta dei programmi radiofonici senza nessun annuncio e nemmeno un minimo riassunto della vicenda a beneficio di chi si fosse perso le prime puntate. Rimediamo adesso a quella mancanza.

Questa volta l'indagine porta Paul Temple, e l'inseparabile moglie, a Garmisch, in Baviera, dove una ragazza inglese, Betty Conrad, figlia di un noto psichiatra di Londra, è scomparsa da un college del luogo dopo aver confidato alla compagna di stanza di avere appuntamento con Elliot France, uno scrittore molto più grande di lei, di cui sarebbe innamorata. Data la nazionalità della ragazza scomparsa, la signora Weldon, direttrice del college, decide di interessare Scotland Yard del caso, e Sir Graham Forbes fa appello come al solito al suo amico Temple che all'inizio non vorrebbe accettare un incarico che lo porti così lontano da casa, ma una strana telefonata di un uomo che si qualifica proprio come Elliot France e lo invita ad un incontro in un ristorante poco fuori Londra, lo induce a sospendere la decisione.

Mentre i due coniugi si stanno recando sul posto, una nuova chiamata sposta l'appuntamento in una villa di campagna, che risulta di proprietà del dottor Conrad, dove anziché il loro ospite, i Temple trovano il cadavere di uno sconosciuto pugnalato. L'evento convince l'investigatore di essere ormai coinvolto suo malgrado nella vicenda e lo spinge a partire per Garmisch, per collaborare con l'ispettore Breckshaft della locale polizia. Giunti al college, Temple apprende dalla compagna di stanza di Betty, June Jackson, una ragazza americana, che l'appuntamento di questa con lo scrittore France avrebbe dovuto aver luogo a Schroederstein, nella villa di Nicole Dubrewskoja, insegnante di danza del college e amica di France, ma sia France che l'insegnante negano che ci sia mai stato un interesse sentimentale da parte dello scrittore per la studentessa e men che meno che lui le avesse mai dato un appuntamento. Esaminando la stanza della ragazza, Temple trova due oggetti che lo incuriosiscono: una strana forchettina da cocktail con la testa di cane, e un biglietto di una boutique di Garmisch (uguale ad uno rinvenuto accanto al cadavere nella villa di Conrad in Inghilterra) su cui è stato annotato di andare a ritirare un mantello blu venerdì 18 alle quattro. Temple manda sua moglie in avanscoperta alla boutique per interrogare con discrezione chi la gestisce, e qui Steve fa la conoscenza con una giovane commessa, Gerda, e con un'enigmatica direttrice, Fraü Klein, e da costei ha la conferma che Betty Conrad è una loro cliente, e venerdì 18 alle quattro, è attesa per ritirare appunto un mantello blu. Approfittando della sua visita alla boutique, Steve acquista un abito che si fa mandare in

156

albergo, ma quando il pacco arriva, tra le pieghe del vestito spunta una forchettina da cocktail identica a quella trovata in camera di Betty Conrad.

Presto le ragazze scomparse diventeranno due, mentre si moltiplicano le strane forchettine da cocktail che acquisteranno una valenza sinistra nell'ingarbugliata vicenda, e i coniugi Temple, come al solito, dovranno vedersela con drammatici attentati alla loro vita, nell'attesa che qualcuno si presenti a ritirare il mantello blu venerdì 18 alle quattro, e col cupo presentimento che un mantello blu possa avvolgere invece per allora un altro cadavere.

Diretto come al solito da Umberto Benedetto, con la traduzione di Franca Cancogni, *La ragazza scomparsa* vede fra gli altri interpreti, Vittorio Sanipoli come Elliot France, e nel ruolo di Betty Conrad, Antonella Della Porta (che aveva già partecipato a un giallo televisivo di Durbridge: *Melissa*, e che sarebbe tornata di lì a due anni per *Cabaret*, l'ultima avventura radiofonica "italiana" di Paul Temple), mentre si affannano a dare ai loro personaggi accenti americani, tedeschi e francesi con buon mestiere, Cecilia Todeschini (June Jackson), Max Turilli (l'ispettore Breckshaft), Josette Celestino (Nicole Dubrewskoja), e a completare il cast, Ingrid Shoeller nel ruolo dell'ambigua Fraü Klein, e Carlo Hintermann (che avevamo visto già in tv in *Un certo Harry Brent*) in quello di Fritz Günther, un albergatore alquanto losco.

Così come era già accaduto con *Margò* ci sono notevoli discrepanze fra il finale della versione inglese e quello della versione italiana, soprattutto per quel che riguarda l'identità della persona che si nasconde dietro tutti gli intrighi della vicenda. Ma questa volta, contrariamente a *Margò*, il finale della versione italiana appare assai meno convincente e più affrettato di quello originale. Lo smascheramento avviene in questa versione all'improvviso negli ultimissimi minuti dell'episodio finale, e Temple snocciola in faccia al colpevole (e ai presumibilmente allibiti ascoltatori) una serie di indizi che lo incastrano, senza però specificare quando li avrebbe raccolti, visto che per sua stessa ammissione fino a pochi momenti prima sospettava di qualcun altro, e cioè di colui che nella versione originale risultava effettivamente il criminale. Insomma un finale piuttosto confuso che non può non lasciare qualche perplessità, e che mi sento in dovere di segnalare, anche se pure per questo sceneggiato radiofonico valgono le stesse osservazioni già fatte per *Margò*. Infatti, come abbiamo già detto, queste versioni radiofoniche erano pesantemente rimaneggiate per far rientrare in circa metà tempo tutti gli eventi degli originali, e di conseguenza un nuovo finale scritto da Durbridge in modo più dettagliato potrebbe essere stato sintetizzato in fase di registrazione per questioni di durata, tralasciando qualche passaggio che ne spiegasse meglio la dinamica. Inoltre proprio come per *Margò*, questa risulta essere l'ultima versione di *Paul Temple and the Conrad Case* trasmessa nel mondo e quindi non abbiamo riscontri successivi che possano confermare o smentire in assoluto questa ipotesi.

Purtroppo negli archivi di RAI Teche sembra assente proprio l'ultima puntata del serial, rendendo di fatto monca la registrazione in possesso della RAI. Se non che per un caso fortunato *La ragazza scomparsa* è proprio fra quelle registrazioni salvate sul web da appassionati amatori della radio, e quindi rintracciabile in forma completa, anche se "ricompattata", su YouTube.

9. *Cabaret* (1977)

SCHEDA TECNICA
CABARET (1977) (Secondo programma radio) 21/03/1977 - 01/04/1977 Puntate 10
Attori principali: Luigi Vannucchi (Paul Temple), Lia Zoppelli (Steve Temple), Ivo Garrani, Max Turilli, Nino Dal Fabbro, Antonella Della Porta, Paolo Ferrari
Regia: Umberto Benedetto
Produzione originale BBC: Paul Temple and the Spencer Affair (1958)
Traduzione: Franca Cancogni

La seconda metà degli anni 70 segna il tramonto di una certa maniera di fare spettacolo in Italia, come abbiamo già ampiamente visto nella parte dedicata alla televisione, e Francis Durbridge ne è una delle vittime più illustri. I grandi successi degli anni 60 e dei primi anni 70 sembrano dimenticati dai nuovi dirigenti, se non addirittura guardati con fastidio. Le dispendiose trasferte inglesi finanziate ai cast e alle produzioni sono state ormai cancellate da tempo, inizialmente per questioni squisitamente economiche, ma successivamente anche per la nuova tendenza a riportare dentro le mura patrie le storie che un certo tipo di mentalità, considerato ormai antiquato, pensava adatte solo ai climi nordici e lontani dal sole del Mediterraneo. La recrudescenza di atti violenti di cui era oggetto il nostro paese in quegli anni, e a cui il cinema già si ispirava con successo, aveva rapidamente convinto la RAI che anche le nostre città fossero un habitat adeguato a delitti, sparatorie e indagini criminali, e quindi non ci fosse più nessuna necessità di andare a cercare ambientazioni esotiche per realizzare un buon giallo.

La radio, ovviamente non presentando questioni economiche, né ambientali, poteva tranquillamente situare il nuovo serial con Paul Temple nei luoghi originali, ma seguendo l'esempio di quello precedente di due anni prima, anche stavolta il *Radiocorriere* non diede il minimo risalto alla trasmissione, lasciando che gli appassionati di gialli e di Durbridge lo scoprissero solo spulciando attentamente i palinsesti radiofonici.

Questa settima ed ultima avventura italiana di Paul Temple (che in realtà nell'ordine cronologico originale era la sedicesima, *Paul Temple and the Spencer Affair*, del 1957), fu intitolata *Cabaret*, tradotta e adattata dalla solita Franca Cancogni e diretta dall'altrettanto solito Umberto Benedetto in dieci puntate di poco più di un quarto d'ora l'una, senza titoli individuali, che seguivano nonostante la riduzione, abbastanza fedelmente la trama originale. La variazione più importante sul testo di Durbridge nasceva dal titolo italiano: siccome l'intrigo girava intorno ad un misterioso disco sul quale nel copione originale era incisa una non meglio identificata canzone dell'epoca, probabilmente immaginaria (io almeno non ne ho trovata traccia), *My Heart and Harry*, si pensò di attualizzare, e rendere più concreto, l'oggetto del contendere trasformandolo in una selezione di brani della colonna sonora di *Cabaret,* il celeberrimo musical di Broadway (oggetto poi di un'altrettanto famosa versione cinematografica, con Liza Minelli e Joel Gray) sicuramente più riconoscibile per il pubblico degli anni 70. Anche qui è difficile, se non impossibile, dire quanto questo cambiamento coinvolse Durbridge, ma in questo caso mi sentirei di dire che fu probabilmente frutto dell'inventiva degli adattatori italiani. Ed ora veniamo ad una rapida sinopsi della vicenda.

Paul e Steve Temple, di ritorno da Vienna, dove hanno assistito ad una rappresentazione del musical *Cabaret*, rinnovano la conoscenza con un famoso impresario, Rupert Dreisler che ha finanziato lo spettacolo. Rientrati a Londra, leggono sui giornali del suicidio di una giovane attrice, ritrovata uccisa da un colpo di rivoltella nel suo camerino. La giovane attrice si chiamava Mary Dreisler ed era la moglie separata del famoso impresario. Costui, per nulla convinto che si tratti di suicidio, incarica Temple di fare indagini. Un particolare colpisce l'attenzione dell'investigatore: nella posta arrivata a Mary Dreisler, c'è una busta contenente un disco e un biglietto. Il disco è una selezione proprio dal musical *Cabaret*, e il biglietto dice: "L'ho gustato minuto per minuto. Ti ringrazio. Spencer". Nessuno, ovviamente, ha la più pallida idea di chi sia questo Spencer. (Inutile che vi sottolinei ancora le somiglianze di questo serial con *Chi è Jonathan?* Di quanto Durbridge fosse abile a riciclare il proprio materiale abbiamo già detto in abbondanza.) Intanto, Mary era anche in trattative per l'acquisto di una macchina di lusso con un pregiudicato, tale Clutch Fraser, vecchia conoscenza di Temple, che si mette immediatamente in contatto con lui, ricordandogli che ha un vecchio debito di gratitudine, avendogli risparmiato anni prima una lunga detenzione. Ma Fraser, che appare molto spaventato avverte solo l'investigatore di lasciar perdere il caso Dreisler, e in conseguenza di questo avvertimento, resta vittima di un aggressione che lo lascia in fin di vita. Accorso al suo capezzale, Temple raccoglie solamente poche parole dall'uomo che l'invita a "suonare il disco". Ma la striscia di sangue non si ferma qui. Judy Milton, amica ed ex-compagna d'accademia di Mary, che aveva cercato di parlare con Temple viene trovata morta da Paul e sua moglie proprio mentre i due si apprestavano ad andarla ad incontrare, anch'essa apparentemente suicida. Judy, che aveva prelevato il disco di Mary dal suo appartamento prima che la polizia lo potesse sequestrare, lo aveva nascosto nel guardaroba di un night, dove i Temple lo ritrovano, ma dopo un nuovo tentativo di sottrarglielo da parte di sconosciuti andato a vuoto, al momento in cui Paul e Steve tornano a casa per ascoltarlo, scoprono che il loro giradischi è stato distrutto. Tra attentati e difficoltà di ogni genere, I Temple riusciranno alla fine ad ascoltare il misterioso disco, solo per scoprire che contiene davvero soltanto una selezione di brani dal musical *Cabaret*. Ma allora perché qualcuno continua ad uccidere per impadronirsene?

Tra gli indiziati su cui Temple dovrà indagare per giungere finalmente alla soluzione del mistero vi sono, oltre all'ex-marito di Mary Dreisler, anche il suo nuovo fidanzato, Pete Wallace; l'amico, e forse qualcosa di più, Adrian Frost; Pete Roberts, un cantante di talento che si è rovinato la carriera per il vizio del bere, e Terry Gibson, proprietaria del night alla moda nel cui guardaroba Judy Milton aveva nascosto il disco incriminato. E intanto, il misterioso Spencer continua a restare senza volto, mentre il capo di un'organizzazione francese di ricettatori, André Reynaud, sta arrivando dalla Francia per contattarlo.

Questa volta il ruolo di Paul Temple venne assegnato ad un altro popolarissimo attore dell'epoca, Luigi Vannucchi, che con Durbridge aveva già avuto a che fare in televisione per *Giocando a golf una mattina*, mentre Steve Temple fu di nuovo Lia Zoppelli, che l'aveva già interpretata in *Margò*. Un altro pezzo da novanta della tv di quegli anni, Paolo Ferrari (l'Archie Goodwin di *Nero Wolfe*) fu Adrian Frost, e all'attore francese Jean Blondel toccò il ruolo di André Reynaud. Fra gli altri "esterni", da notare il ritorno di Antonella Della Porta come Judy Milton, quello di Mico Cundari come Clutch Frazer, e l'arrivo nel parco-attori italiano di Durbridge del bravissimo Ivo Garrani (era stato in tv il papà di Gian Burrasca) nel ruolo dell'ispettore Vosper. Invece della Compagnia di Prosa di Firenze erano Nino Dal Fabbro come Sir Graham Forbes, Max Turilli come Rupert Dreisler, Gianna Giachetti come Mary Dreisler, Enrico Bertorelli come Pete Wallace, Grazia Radicchi come Terry Gibson, e Antonio Guidi come Pete Roberts.

Cabaret andò in onda sul solito Secondo Programma alle 9,30 del mattino di ogni giorno feriale, da lunedì 21 marzo fino a venerdì 1° aprile 1977. Fu l'ultima volta, repliche a parte, che fu possibile ascoltare un serial di Francis Durbridge alla radio italiana.

Cabaret, oltre che negli archivi di RAI Teche, è presente in versione "ricompattata" su YouTube.

Il successo del Durbridge radiofonico, come si è più volte ripetuto qui, nel nostro paese non è mai stato neanche paragonabile a quello televisivo, ma ha lasciato comunque una buona traccia di sé. Grandi nomi dello spettacolo hanno interpretato negli anni il ruolo di Paul Temple (Aroldo Tieri, Mario Feliciani, Alberto Lupo e Luigi Vannucchi) ed altri grandi attori ed attrici provenienti dal teatro, dal cinema e dalla televisione, hanno arricchito i cast dei vari serial (Andrea Checchi, Paolo Ferrari, Arnoldo Foà, Corrado Gaipa, Ivo Garrani, Claudio Gora, Giuliana Lojodice, Ilaria Occhini, Cesare Polacco, Vittorio Sanipoli, per citare solo i più famosi). La proposta di testi di Durbridge è stata discontinua (fra uno sceneggiato e l'altro sono spesso passati parecchi anni), ma per circa un quarto di secolo, dal 1953 al 1977, lo scrittore inglese è stato un autore mai dimenticato per gli appassionati della fiction radiofonica, e tutt'oggi, come abbiamo visto, i suoi serial sono in buona parte disponibili per chi voglia rivivere, con le agevolazioni che il progresso è oggi in grado di offrire, le emozioni di un modo di fruire lo spettacolo che appartiene ormai ad un lontano passato.

Così come per la televisione, stendo qui un elenco dei radiodrammi e serial con Paul Temple, e senza Paul Temple, che Francis Durbridge ha prodotto per la BBC (per semplificare la lista ho inserito solo i gialli, escludendo le opere genericamente drammatiche, le commedie e i musical che Durbridge produsse soprattutto negli anni 30 e 40). Per radiodramma s'intende un programma autoconclusivo; per serial invece un programma in più puntate:

PAUL TEMPLE:
1938 *Send for Paul Temple* (serial in 8 episodi)
      Paul Temple and the Front Page Men
      (serial in 8 episodi)
1939 *News of Paul Temple* (serial in 6 episodi)
1942 *Paul Temple Intervenes* (serial in 8 episodi)
1945 *Send for Paul Temple again* (serial in 8 episodi)
1946 *A Case for Paul Temple* (serial in 8 episodi)
      [*Paul Temple, il romanziere poliziotto*, 1953]

Paul Temple and the Gregory Affair
(serial in 10 episodi)
[*Paul Temple e il caso Gregory*, 1960]

1947 *Paul Temple and Steve* (serial in 8 episodi)
Mr. and Mrs. Paul Temple (radiodramma)
Paul Temple and the Sullivan Mystery
(serial in 8 episodi)

1948 *Paul Temple and the Curzon Case*
(serial in 8 episodi)

1949 *Paul Temple and the Madison Mystery*
(serial in 8 episodi)

1950 *Paul Temple and the Vandyke Affair*
(serial in 8 episodi)

1951 *Paul Temple and the Jonathan Mystery*
(serial in 8 episodi)
[*Chi è Jonathan?*, 1971, 10 puntate]

1953 *Paul Temple and Steve Again* (radiodramma)

1954 *Paul Temple and the Gilbert Case*
(serial in 8 episodi)

1956 *Paul Temple and the Lawrence Affair*
(serial in 8 episodi)
[*Paul Temple e l'uomo di Zermatt*, 1961]

1957 *Paul Temple and the Spencer Affair*
(serial in 8 episodi)
[*Cabaret*, 1977, 10 puntate]

1959 *Paul Temple and the Conrad Case*
(serial in 8 episodi)
[*La ragazza scomparsa*, 1975, 10 puntate]

1961 *Paul Temple and the Margo Mystery*
(serial in 8 episodi)
[*Margò*, 1967, 10 puntate]

1965 *Paul Temple and the Geneva Mystery*
(serial in 6 episodi)

1968 *Paul Temple and the Alex Affair* (serial in 8 episodi)
[rielaborazione di *Send For Paul Temple Again* del 1945]

ALTRI SERIAL E RADIODRAMMI GIALLI:

1934 *Murder in the Midlands* (radiodramma)

1937 *Murder in the Embassy* (radiodramma)

1940 *A Case for Sexton Blake* (serial in 6 episodi)
[col personaggio creato da Hal Meredith]
And Anthony Sherwood Laughed
(serie di 6 radiodrammi con un unico protagonista)

1941 *The Man from Washington*
(serie di 6 radiodrammi con un unico protagonista)
The Girl at the Hibiscus
(serie di 6 radiodrammi con un unico protagonista)
Death Comes to the Hibiscus (serial in 8 episodi)
[con i protagonisti di *The Girl at Hibiscus*]

1942 *Mr. Harrington Died Tomorrow* (serial in 8 episodi)
[firmato con lo pseudonimo di Lewis Middleton Harvey]

1945 *Over My Dead Body* (radiodramma)
[rielaborazione del radiodramma *Murder in the Midlands* del 1934]
Passport to Danger (serial in 6 episodi)

1946 *The Caspary Affair* (radiodramma)
[*Preludio al delitto*, 1960]

1949 *Johnny Washington Esq.*
(serie di 6 radiodrammi con un unico protagonista)

1962 *What Do You Think?* (radiodramma)

1967 *La Boutique* (serial in 5 episodi)
[La Boutique, 1968]

Vorrei anche ricordare che da una dozzina di serial con Paul Temple sono stati tratti altrettanti romanzi. Alcuni sono usciti anche nel nostro paese, pubblicati da Longanesi e Mondadori. Eccoli: *La scarpa che mancava sempre* (*Another Woman's Shoes*, tratto da *Paul Temple and the Gilbert Case*, ma con personaggi completamente cambiati) Il Vero Giallo n. 2, Longanesi (1969); *Il mistero di Ginevra* (*Paul Temple and the Geneva Mystery*) Il Giallo Longanesi n. 108 (1973); *Ritorna Paul Temple* (*News of Paul Temple*, tratto dall'omonimo serial radiofonico) I Pocket Longanesi n. 620

(1975); *Morto per il mondo* (*Dead to the World*, tratto da *Paul Temple and the Jonathan Mystery*, ma con personaggi completamente cambiati) I Pocket Longanesi n. 658 (1978); *Delitto a tempo di rock* (*Paul Temple and the Margo Mystery*, tratto dall'omonimo serial radiofonico) Il Giallo Mondadori n. 1973 (1986). [Quest'ultimo contiene il finale della versione originale.]

Appendice

Nota: Questo capitolo rappresenta un aggiornamento alla precedente edizione. In quella infatti non avevo inserito una analisi un po' più approfondita della serie televisiva *Paul Temple*, innanzitutto perché mi mancavano molte informazioni sull'effettiva messa in onda della versione italiana (che come vedremo ha una programmazione molto parziale e confusa), e poi perché non riuscivo ad inquadrarla nel contesto del libro, non trattandosi né di un serial, né tanto meno di uno sceneggiato, ma di una semplice serie di telefilm auto-conclusivi. Al tutto, inoltre, non era estraneo un supposto disinteresse da parte di Durbridge che pareva avesse semplicemente messo la sua firma come creatore del personaggio senza intervenire né come soggettista né come sceneggiatore. Per questo mi ero limitato ad accennarne qua o là senza entrare troppo nel merito. Questa convinzione è stata però smentita da nuove informazioni emerse di recente, come spiego all'interno del capitolo, e ho deciso quindi di includere nel libro questa aggiunta che chiarisca meglio la genesi della serie e per quanto possibile le ragioni di una programmazione italiana incompleta e saltuaria, ma inserendola al di fuori del testo principale che resta polarizzato sui serial televisivi e radiofonici di Durbridge.

Il *Paul Temple* televisivo (1969-1971)

La più celebre creazione di Francis Durbridge, lo scrittore e investigatore per diletto Paul Temple, nato nel 1938 in un serial per il canale radio della BBC e che nel frattempo era apparso al cinema in alcuni film tratti delle sue prime storie radiofoniche, così come dalle stesse storie in libri con le relative *novelization*, in racconti per giornali e riviste, in una trasposizione teatrale firmata dallo stesso Durbridge, e perfino in una serie a fumetti pubblicata su diversi quotidiani inglesi, dovette però attendere la fine degli anni 60 per avere un suo spazio in televisione, più che meritato visti i suoi trascorsi e la sua carriera ormai trentennale. In realtà, pare che fosse stato lo stesso Durbridge ad autoimporsi di evitarne l'utilizzo sul nascente mezzo televisivo, perché voleva dimostrare di saper costruire valide trame poliziesche anche senza il sostegno del suo personaggio più importante, e così per quasi un ventennio, mentre Paul Temple continuava a risolvere intrighi alla radio, Durbridge si lanciava con entusiasmo nell'avventura della tv, scrivendo nuovi serial senza personaggi fissi. E fu ancora una volta un grande successo. Tra il 1952, anno d'esordio del Durbridge televisivo con *The Broken Horseshoe* (manco a dirlo, serial mai trasposto da noi) e il 1966 con *Bat Out of Hell* (questo invece arrivato anche in Italia con il titolo *Come un uragano*), Durbridge produsse diciotto serial tv (sedici se consideriamo la trilogia di Tim Fraser come un'unica produzione), praticamente uno all'anno, tenendo incollati agli schermi milioni di spettatori in patria e nel resto d'Europa, provando con i fatti che poteva affrancarsi tranquillamente da Paul Temple, creando comunque aspettative e successo anche solo grazie al suo nome, tanto che dal 1961, proprio con *The World of Tim Fraser*, i suoi serial cominciarono ad apparire sotto il marchio *Francis Durbridge Presents*, un bel riconoscimento alla sua notorietà in patria.

Ma nonostante le proposte per portare in tv Paul Temple non gli mancassero, Durbridge resistette a quella tentazione, finché quasi alla fine degli anni 60, decise che il suo personaggio poteva finalmente trovare anche una dimensione visiva, dato che non rischiava più di fargli né ombra né riparo, e non è probabilmente una coincidenza se proprio in quel periodo, per la precisione il 1968, con *Paul Temple and the Alex Affair* (in pratica un *remake* del suo classico *Send for Paul Temple Again* del 1945), si chiude la carriera radiofonica di Temple e del suo creatore, e lo scrittore-investigatore approda finalmente al piccolo schermo. Infatti tra il 1969 e il 1971, la BBC, in collaborazione dalla seconda stagione in poi con la società tedesca Taurus Film di Monaco di Baviera, produsse una serie di telefilm intitolata proprio *Paul Temple*.

Naturalmente molto tempo era passato da quando Durbridge aveva creato il personaggio tre decenni prima, e l'idea della produzione, e forse dello stesso autore, era quella di attualizzare il personaggio, rendendolo più adatto ai gusti del pubblico televisivo di quegli anni, slegandolo dai *cliché* delle sue tante avventure radiofoniche.

Nella sua nuova versione Paul Temple sarebbe stato sempre uno scrittore-detective, ovviamente, ma con un atteggiamento più mondano di quello mostrato fino ad allora, non più un romanziere praticamente "incatenato" alla sua macchina da scrivere, e spesso restio a farsi trascinare in qualche movimentata inchiesta dai suoi abituali alleati di Scotland Yard, a cominciare dal sovrintendente Sir Graham Forbes, ma un vero e proprio *viveur* giramondo che avrebbe potuto sicuramente essere annoverato anche come *playboy*, se non fosse per la presenza fissa al suo fianco della bella Steve, la sua fedele sposa che sarà la sua inseparabile compagna d'avventure anche nella serie tv.

I due attori che vennero scelti per interpretare i ruoli dei protagonisti erano praticamente due sconosciuti all'epoca fuori dal Regno Unito: Francis Matthews, un attore col *physique du rôle* e l'eleganza dell'eroe classico, ma confinato fino ad allora nei territori delle piccole produzioni di genere, che fu scelto dallo stesso Durbridge (con cui aveva dei precedenti, visto che era apparso in due suoi serial tv, *My Friend Charles*, e *The World of Tim Frazer*), e Ros Drinkwater, un'exballerina e attrice televisiva di origini scozzesi, che toccò il punto culminante della sua carriera proprio con il ruolo di Steve Temple, per poi al termine della serie abbandonare il mondo dello spettacolo per diventare fotoreporter. Più che l'intrigo poliziesco, come dicevo più sopra, la chiave di lettura della serie era la vita avventurosa che la coppia conduceva in giro per il mondo, soprattutto dalla seconda stagione in poi, quando a sostenere l'emittente britannica giunsero i capitali della casa cinematografica tedesca

Al contrario della sua versione radiofonica, il Temple televisivo, raramente, forse mai, veniva coinvolto in un'inchiesta da Scotland Yard; tanto è vero che la prima, significativa differenza con i serial radiofonici è proprio la scomparsa di Sir Graham Forbes, e a ruota di tutti gli altri amici poliziotti, a partire dall'ispettore Vosper. Mentre, a fare le veci di Charlie (cancellato nella versione tv), fecero il loro ingresso al fianco della coppia due personaggi che non avevano riscontri nella serie radiofonica: la governante Kate Balfour, con un passato da ex-investigatrice; e dalla seconda stagione, Sammy Carson, un ex-criminale redento da Temple. Non saprei dire quanto, cedendo i diritti del suo personaggio, Durbridge fosse consapevole delle alterazioni che questo avrebbe subito nella trasposizione televisiva.

In realtà, infatti, contrariamente a quanto tutti (compreso me) ritenevano fino a poco tempo fa, non è vero che una volta firmato il contratto per la serie tv, Durbridge se ne fosse disinteressato, lasciando la sua creatura in mano ad altri sceneggiatori. Il ritrovamento in tempi recentissimi, da parte del figlio di Durbridge, Nicholas, negli archivi del padre di alcuni soggetti e perfino di un paio di sceneggiature già pronte a trasformarsi in telefilm hanno totalmente ribaltato le precedenti opinioni sulla questione. A quanto pare, Durbridge avrebbe voluto dare il suo contributo di scrittore anche a questa nuova versione del suo personaggio, utilizzando per i primi episodi proprio le sceneggiature scritte da lui, ma quest'idea non venne accolta favorevolmente dai produttori, per ragioni mai chiarite, spingendo Durbridge, forse un po' indispettito, a decidere di ritirare le sue storie dalla serie.

Una possibile ipotesi a cui si può pensare per questo rifiuto è che la produzione (capeggiata per altro all'inizio da Alan Bromley, che aveva realizzato tutti i serial televisivi di Durbridge fin dal 1955) fosse alla ricerca di qualcosa di più nuovo e attuale, qualcosa che fosse una via di mezzo tra James Bond, l'agente segreto 007 di Ian Fleming che, interpretato da Sean Connery, spopolava al cinema, e Simon Templar, l'avventuriero creato da Leslie Charteris, tra l'altro amico personale di Durbridge, portato al successo in tv da Roger Moore. Inoltre non bisogna dimenticare che gli ultimi anni 60 erano gli anni della "contestazione", gli anni in cui le nuove generazioni si rivoltavano apertamente contro le istituzioni, e forse si ritenne che mostrare un detective legato a filo doppio ad una delle istituzioni per eccellenza e più contestate del Regno Unito, e cioè Scotland Yard, potesse risultare controproducente per gli ascolti soprattutto del pubblico giovanile che rappresentava il futuro agli occhi dei dirigenti dell'emittente britannica. Infatti, nonostante qualche variazione sul tema, Durbridge nelle sue sceneggiature aveva mantenuto almeno in parte le caratteristiche del Temple radiofonico, compresi i suoi stretti rapporti con gli amici poliziotti, motivo per cui forse le sue storie furono elegantemente accantonate, lasciandogli solo l'onore della firma come creatore dei personaggi. Ma che questa sia la spiegazione del rifiuto da parte dell'emittente televisiva dei suoi *script* o no, si realizzò, comunque, il giuramento che Durbridge aveva fatto a sé stesso all'esordio della sua carriera di autore televisivo, e cioè quella di non ricorrere mai al suo personaggio più popolare nelle sue storie per la tv. E alla fine soltanto uno dei suoi soggetti fornì la base di un episodio effettivamente realizzato, *Re-Take* (tra quelli non doppiati dalla Rai), anche se nei *credits* risulta solo il nome dello sceneggiatore, un non meglio identificato Paul Erickson.

Così Durbridge dovette accontentarsi di trasformare le due sceneggiature ultimate in altrettanti romanzi: *Paul Temple and the Harkdale Robbery*, pubblicato anche in Italia nel 1973 per i tipi della Longanesi, con il titolo *Una strana rapina,* e *Paul Temple and the Kelby Affair*, rimasto invece inedito nel

171

nostro paese. Le due trame offrono a leggerle un'immagine già leggermente diversa da quella classica delle storie radiofoniche di Temple (ad esempio il *cliffhanger*, caratteristica imprescindibile di fine puntata dei serial di Durbridge, qui è abbastanza assente, per la ovvia ragione che le vicende si sviluppano in episodi autoconclusivi, senza lasciare tracce in quelli successivi).

Riassumo brevemente almeno la storia, uscita in libro anche da noi, e che nelle intenzioni di Durbridge avrebbe dovuto fungere da *pilot* della serie tv.

PAUL TEMPLE AND THE HARKDALE ROBBERY (UNA STRANA RAPINA)
Paul Temple invitato ad un dibattito televisivo sull'evoluzione del crimine negli ultimi decenni in Inghilterra, sostiene che i vecchi sistemi in base ai quali agivano una volta i piccoli criminali non esistono quasi più e che adesso oscuri mastermind, sconosciuti alla polizia perché incensurati, organizzano nell'ombra rapine e omicidi servendosi di manovalanza e mantenendosi così al riparo da ogni sospetto. La sua tesi è messa in discussione da altri criminologi e poliziotti partecipanti al programma, ma di lì a poco Paul è coinvolto in un caso misterioso che finirà per dimostrare l'esattezza della sua tesi. Inizia con una rapina in banca ad Harkdale in cui un agente di polizia resta ucciso e i banditi saccheggiano 42.000 sterline. La fuga non dura molto però, perché i rapinatori vengono catturati e arrestati, ma la valigetta che dovrebbe contenere il denaro è vuota - e poco dopo nel proprio garage Paul Temple trova il cadavere di un complice dei malfattori, assassinato. Le indagini lo condurranno dapprima in un equivoco night club, e alla fine allo smascheramento dell'insospettabile organizzatore.

Come si vede anche da questo breve riassunto, Durbridge, pur cercando di sintetizzare la trama in rigida osservanza della durata dei cinquanta minuti di ogni telefilm dell'epoca, mantiene le caratteristiche classiche delle sue storie e del suo personaggio. Questa in particolare addirittura potrebbe essere considerata una specie di manifesto del suo modo di concepire un *plot* poliziesco. Inequivocabile indicazione da parte dell'autore di voler mantenere una propria rotta anche nel mare procelloso dei telefilm moderni, tutta azione, con sequenze dinamiche e montaggi rapidi.

Sontuosa e con ambientazioni internazionali (parecchi episodi furono girati all'estero, in diverse grandi città europee, Amburgo, Monaco, Milano, Amsterdam, e spesso con celebri attori del posto), la serie mantiene un look anni 60, con scene girate con un gusto sperimentale quasi psichedelico, molto in voga in quel periodo.

È convenzionalmente considerata in quattro stagioni, anche se è formata in realtà da due serie vere e proprie, ciascuna di 26 episodi divise a loro volta in altrettante *mid-season* di 13 episodi l'una, andate in onda fra il novembre 1969 e il settembre 1971, sul canale BBC1, per un totale di 52 episodi, ognuno di circa 50 minuti, quasi tutti autoconclusivi (tranne un paio, trasmessi in due parti) con buoni, se non ottimi, riscontri di pubblico sia in patria che all'estero (soprattutto in Germania dove per i primi episodi si toccarono punte di 25 milioni di spettatori). Niente di paragonabile alla febbre collettiva che sembrava pervadere i paesi in cui i serial televisivi di Durbridge venivano trasmessi, ma sicuramente un successo notevole per una serie di telefilm senza nomi eclatanti fra gli attori o i registi, e col solo marchio di Francis Durbridge e del suo personaggio a fare da attrazione.

Anche in Italia Paul Temple ebbe un certo seguito, anche se probabilmente avrebbe potuto averne molto di più, se la RAI avesse avuto maggior fiducia in questa produzione anglo-tedesca e avesse acquistato l'intera serie, collocandola magari in orari più consoni, anziché giudicarla, con la solita miopia di qualche ignoto funzionario, un semplice riempitivo domenicale, e piazzandola inizialmente alle 18,10 sul Programma Nazionale, nel bel mezzo del pomeriggio calcistico. Inoltre, come dicevo, venne fatta anche una scelta fra gli episodi, non si sa in base a quali criteri, doppiando e trasmettendone solo alcuni, e trascurando molti altri.

Un primo nucleo di otto episodi venne mandato in onda a partire da domenica 15 ottobre 1972 (quando cioè la produzione originale era già terminata da oltre un anno), la cui scelta sembra assolutamente casuale. Ecco la lista di quei primi otto episodi corredata da un breve riassunto di ognuno, e con titolo e collocazione originali:

Un libro di valore (*Double Vision*) in onda il 15 ottobre 1972 (episodio 8 della seconda stagione, in onda in GB il 24 maggio 1970) sceneggiatura di Jeremy Burnham - regia di Ken Hannam

> *Un libro, in apparenza un'innocua opera prima di una giovane scrittrice che ne fa dono a Paul Temple durante un congresso di scrittori a Edimburgo, scatena le mire di un gruppo di ignoti criminali che non paiono indietreggiare davanti a nulla pur di impossessarsene. Arriveranno anche a rapire Steve, ma Temple saprà ribattere colpo su colpo, smascherando alle fine il loro capo.*

Funerale in mare (Sea Burial) in onda il 22 ottobre 1972 (episodio 2 della terza stagione, in onda in GB il 17 gennaio 1971) sceneggiatura di David Roberts – regia di Ronald Wilson

> *In vacanza con la moglie in Svezia, Temple si trova casualmente invischiato in un complicato intrigo che riguarda una barca, l'Atlanta, di cui è proprietario un suo vecchio conoscente. Alcuni strani personaggi sembrano interessarsi al natante in cui potrebbe nascondersi un tesoro prezioso quanto misterioso.*

Ultime parole su nastro (Requiem for a Don) in onda il 29 ottobre 1972 (episodio 9 della terza stagione in onda in GB il 14 marzo 1971) sceneggiatura di Jeremy Burnham – regia di Christopher Barry

> *Suicidio o delitto? È questo il dilemma in cui si dibatte Paul Temple mentre investiga, tra i malumori generali, sulla morte di un suo vecchio amico nel rigido e formale mondo di una solo apparentemente tranquilla città universitaria.*

Cavalli per l'Irlanda (Winner Takes All) in onda il 5 novembre 1972 (episodio 12 della quarta stagione, in onda in GB il 25 agosto 1971) sceneggiatura di Donald James – regia di Christopher Barry

> *La delusione per la pessima performance del cavallo di un suo amico in Irlanda è l'inaspettato inizio di un nuovo caso per Paul Temple. Indagando infatti sulle ragioni della sconfitta, lo scrittore detective s'imbatte in losche organizzazioni specializzate in scommesse clandestine.*

Corrida (id.) in onda il 12 novembre 1972 (episodio 4 della terza stagione, in onda in GB il 7 febbraio 1971) sceneggiatura di Lindsay Galloway – regia di Ken Hannam

> *In vacanza con la moglie nella Francia meridionale, Temple crede di aver assistito alla morte di un uomo ucciso con una fucilata in un'arena, ma accorso sul luogo non trova il cadavere. Poco dopo un'esplosione uccide due bambini. Temple scoprirà che i due fatti sono collegati.*

I professionisti (The Specialists) in onda il 19 novembre 1972 (episodio 7 della terza stagione, in onda in GB il 28 febbraio 1971) sceneggiatura di Michael Winder- regia di Eric Price

> *Un grosso industriale che sta per testimoniare in un processo che vede il coinvolgimento della sua società nella scomparsa di molti milioni di sterli-*

ne, si trova ad essere improvvisamente il bersa-
glio di una serie di attentati di cui Temple dovrà
scoprire gli organizzatori.

C'è coltura e coltura (Kill or Cure) in onda il 26 novembre 1972 (episodio 2 della seconda stagione, in onda in GB il 12 aprile 1970) sceneggiatura di Bill Strutton – regia di Christopher Barry

> *La nipote di un ricco magnate dell'industria chi-*
> *mica, e amica di Steve, scompare dalla sua ca-*
> *mera d'albergo a Londra. Si tratta di rapimento*
> *ma i malfattori non chiedono denaro ma solo il*
> *contenuto di una misteriosa scatola che si rivele-*
> *rà la chiave di volta della soluzione del mistero.*

La casa del delitto (House of the Dead) in onda il 3 dicembre 1972 (episodio 1 della terza stagione, in onda in GB il 10 Gennaio 1971) sceneggiatura di David Roberts – regia di George Spenton-Foster

> *Paul Temple riceve lo strano invito di un giovane*
> *lord, accusato anni prima dell'assassinio del pa-*
> *dre ma poi scagionato, a tornare ad indagare sul*
> *delitto per fugare una volta per tutte i sospetti*
> *che sono rimasti su di lui. Ricostruendo il delitto,*
> *Temple riuscirà a smascherare il vero assassino.*

La collocazione pomeridiana, sia pur in un giorno festivo, non fu sicuramente d'aiuto a rendere popolare una serie che avrebbe dovuto avere ben altro lancio. Non dimentichiamo infatti che, fatti salvi quei due o trecentomila ascoltatori di sceneggiati radiofonici, per la gran massa degli italiani Paul Temple era assolutamente uno sconosciuto. Negli anni a venire altre serie tv, prevalentemente americane, avrebbero messo in campo coppie di investigatori, mariti e mogli o anche semplicemente compagni d'avventura con evidenti reciproci interessi sentimentali, che affrontavano insieme pericoli e peripezie di ogni genere. Per restare agli anni 70, la più celebre fu sicuramente *Cuore e batticuore (Hart to Hart)* con Robert Wagner e Stephanie Powers (ben 110 episodi in 5 stagioni) che raccolse molti più consensi da parte del pubblico italiano pur mostrando in pratica lo stesso tipo di avventure. Frutto probabilmente questo di una miglior collocazione nei palinsesti, ma anche di un'ostinata riproposizione in un numero smisurato di repliche che finirono per creare una fidelizzazione nello spettatore che il "povero" Paul Temple, proposto molto parzialmente (solo diciassette episodi sui cinquantadue totali) e mai più replicato, non poté neanche sfiorare.

E a proposito di *Cuore e batticuore* va aperta una piccola ma doverosa parentesi, perché sembra che proprio questa serie in particolare irritasse profondamente Durbridge, che riteneva avesse fin troppe evidenti somiglianze con quella di Paul Temple. Infatti anche qui è protagonista una coppia coniugata di ricchi investigatori dilettanti, Jonathan e Jennifer Hart, affiancati da un amico, Max, interpretato da Lionel Stander, che funge da autista, maggiordomo e factotum, oltre che indispensabile alleato nelle loro avventure, e che ricorda molto la figura di Sammy Carson, che girano il mondo risolvendo casi polizieschi o di spionaggio tra un cocktail e l'altro.

Durbridge pare associasse questa serie (che ufficialmente era nata da un'idea del popolare scrittore americano Sidney Sheldon, creatore di punta di certa narrativa d'intrattenimento rivolta per lo più a un pubblico femminile), a vari e infruttuosi tentativi da parte dell'emittente che la mandava in onda, di acquistare i diritti del suo personaggio per farne una propria versione più adatta al pubblico americano. Durbridge si era sempre rifiutato, temendo evidentemente, di vederlo snaturare, ed era quindi convinto che i suoi continui rifiuti avessero indotto l'emittente a produrre una serie "gemella". Tuttavia, nonostante la sua palese irritazione nei confronti degli americani, a causa della difficoltà e lunghezza delle dispute legali internazionali, Durbridge non decise mai alcuna azione nei loro confronti.

Ma torniamo ad occuparci della versione italiana targata RAI per vedere come un secondo mini-blocco di 3 episodi venne mandato in onda durante l'estate successiva e precisamente nell'agosto 1973, sempre sul Programma Nazionale, ma questa volta il martedì in prima serata alle 21,00, anche se ancora in maniera completamente casuale.

Un pacchetto di diamanti (Night Train) in onda il 7 agosto 1973 (episodio 3 della terza stagione, in onda in GB il 24 Gennaio 1971) sceneggiatura di Michael J Bird – regia di Douglas Camfield

> *In viaggio in treno attraverso la Scozia, i coniugi Temple si ritrovano in compagnia di un variegato gruppo di viaggiatori, tra cui due giocatori di golf, un celebre chirurgo, una coppia di amanti, un ex-pregiudicato che ora lavora come inserviente nelle ferrovie e un sergente di polizia alla scorta di un prezioso mucchietto di diamanti. I-nutile dire che i diamanti scompariranno e dovrà essere Temple a smascherare il ladro (divenuto nel frattempo anche assassino).*

Un certo signor Williams (Motel) in onda il 14 agosto 1973 (episodio 10 della terza stagione, in onda in GB il 21 marzo 1971) sceneggiatura di David Simon – regia di Simon Langton

> *Fermatisi in un motel a causa di una forte nevicata, Paul e Steve vi restano bloccati insieme ad altri ospiti. I gestori del motel sono in attesa di un nuovo ospite, un tale signor Williams al cui nome è già giunto un pesante e misterioso baule. Quando l'ambiguo Williams arriva sembra segretamente in contatto con tutti i clienti, e in lui Temple riconosce l'autore di una rapina da 500.000 sterline, ma prima che il detective possa parlargli, Williams scompare lasciando dietro di sé tracce di sangue sul suo letto.*

Carnevale a Monaco (Death of Fashing) in onda il 21 agosto 1973 (episodio 12 della terza stagione, in onda in GB il 4 aprile 1971) sceneggiatura di Wolf Rilla – regia di Viktors Ritelis

*Di passaggio a Monaco per il carnevale, Temple
e la moglie vengono "sequestrati" da un industriale, certo Baumann, che asserisce di essere
destinatario di una serie di minacce contro la sua
persona, forse scherzi di carnevale e forse no. Al
centro della vicenda vi è anche la fusione fra
l'azienda di Baumann e quella di un altro importante industriale del luogo, Schroeder, per la cui
riuscita si è arrivati anche a dichiarare il fidan-
zamento fra i loro due figli. Baumann scompari-
rà, presumibilmente vittima del suo misterioso
persecutore, ma Temple scoprirà una verità diversa.*

Lo spostamento degli episodi di Paul Temple dal pomeriggio
alla prima serata, per altro solo tre episodi e molti mesi dopo
la proposta dei precedenti, è in realtà di difficile lettura. Non
mi sentirei di considerarla una promozione, dato anche il periodo in cui vennero trasmessi (agosto è notoriamente un mese "morto" per gli ascolti televisivi), e ancora una volta dà più
l'impressione che il telefilm venga reputato un riempitivo per i
palinsesti della Rai.

Un'ulteriore prova di questo potrebbe essere un dettaglio
che ho scoperto proprio mentre redigevo queste pagine: un
altro episodio della serie, di cui non ero assolutamente al corrente nel momento in cui ho iniziato a scrivere questo capitolo, venne trasmesso nel settembre 1973. Il titolo è *Una festa
di mezza estate*, e fu mandato in onda assolutamente impervi-
sto alle 21,00 di sabato 8 Settembre, al posto della serata dedicata al festival della canzone napoletana, *Piedigrotta 1973*,
cancellato per un'epidemia di colera scoppiata nel territorio
partenopeo in quei giorni. Lo spettacolo musicale avrebbe
dovuto avere una durata di cento minuti circa e quindi venne
sostituito da un episodio di durata doppia, intitolato in originale *Murder in Munich*. Non è stato assolutamente semplice
ricostruire questa storia, perché come è intuibile non esisteva
nessuna traccia di questa sostituzione sui palinsesti del *Radiocorriere*, dato che era avvenuta dopo la pubblicazione della

rivista; né era facile risalire alla programmazione originale, perché non sapendo quale trasmissione fosse stata cancellata, non conoscevo neanche il giorno della messa in onda. L'unico elemento in mio possesso era il titolo italiano e il mese in cui era stato trasmesso, desunti da una classifica di ascolti del settembre 1973 che il Servizio Opinioni della RAI pubblicava periodicamente sul suo organo di stampa ufficiale e che dava al telefilm un lusinghiero 12,8 (cioè 12.800.000 spettatori). Ma poi con gli sforzi congiunti miei, della responsabile della sede fiorentina di RAI Teche, la Dott,ssa Angela Motta, che mi ha fornito i dati estratti dai computer dell'emittente, e il sempre indispensabile supporto dell'amico Georg Pagitz, uno dei maggiori esperti di Francis Durbridge che esista al mondo, che non solo mi ha aiutato ad individuare l'episodio giusto, ma che è anche risalito ad alcuni articoli dei quotidiani dell'epoca, chiarendo ogni mio dubbio, sono ora in grado di inserire le informazioni su questo episodio "dimenticato" nella mia lista.

Una festa di mezza estate (Murder in Munich - part 1 & 2), in onda l'8 settembre 1973 (episodi 11 e 12 della seconda stagione in onda il 12 e il 19 luglio 1970) sceneggiatura di David Roberts – regia di Michael Ferguson

> *Temple a Monaco per il lancio di un suo libro, viene per un equivoco scambiato per un sicario internazionale assoldato per eliminare il ricco industriale Hartmann, durante una festa mascherata che ha organizzato nella sua villa. Temple finge di aderire ai piani dei criminali e sostituisce i proiettili della pistola fornitagli per commettere il delitto con altri a salve. Ma con sua grande sorpresa la vittima predestinata cade ugualmente sotto i suoi colpi. Lo scrittore detective dovrà sudare le proverbiali sette camicie per provare la sua innocenza e smascherare i mandanti del crimine.*

Tutto questo però, come dicevo più sopra, non fa che confermare ulteriormente il ruolo che evidentemente la serie televisiva Paul Temple occupava nella mente dei dirigenti della Rai. Per utilizzare infatti un programma in prima visione tv come "tappabuchi", se ne doveva avere veramente una bassa opinione; e tuttavia anche un episodio in apparenza anonimo e inserito in palinsesto senza nessuna promozione o annuncio riuscì a raccogliere quasi tredici milioni di spettatori. Niente male come "tappabuchi", no? Roba da far impallidire molti "grandi successi" odierni.

Ma per tornare a parlare di episodi regolarmente programmati, bisogna attendere gli ultimi mesi dell'anno: infatti è a metà novembre che Paul Temple torna ufficialmente nei palinsesti con un altro episodio, che va in onda sempre alle 21,00 ancora di sabato ma questa volta sul Secondo Programma. E di nuovo, si sceglie di accorpare in un'unica serata l'altra sola storia trasmessa originariamente in due parti nell'ambito della serie, prolungando la durata dell'appuntamento fino a 90 minuti.

Morte antica (Antique Death - part 1 & 2), in onda il 17 novembre 1973 (episodi 6 e 7 della seconda stagione in onda il 10 e il 17 maggio 1970) sceneggiatura di Michael Chapman – regia di John Matthews

> *Il casuale acquisto da parte di Paul Temple della copia di una statuetta etrusca getta nello scompiglio la direzione del museo in cui è conservato quello che si riteneva fino a quel momento un pezzo unico. Quando la statuetta di Temple viene rubata, questi segue la pista del presunto ladro fino ad Amsterdam e poi a Bruges imbattendosi prima in un attentato in cui perde la vita l'uomo che seguiva e lui stesso se la cava per un pelo, e poi a confrontarsi con il mondo pericoloso dei falsari di opere d'arte.*

Dopo un'attesa di oltre due settimane altri due episodi verranno programmati in chiave settimanale, riportando Paul Temple di nuovo al martedì sul Programma Nazionale alle 20,45 (nel frattempo infatti la prima serata del canale principale della RAI era stata anticipata di un quarto d'ora).

Il party del colpevole (Cue Murder!), in onda il 4 dicembre 1973 (episodio 11 della terza stagione, in onda il 28 marzo 1971) sceneggiatura di David Simon – regia di George Spenton-Foster

> *Invitato come ospite d'onore ad una trasmissione in diretta in cui si riesaminano vecchi casi criminali irrisolti o la cui soluzione non è mai parsa del tutto convincente, Paul Temple smaschererà davanti al pubblico televisivo il responsabile di un vecchio delitto presente tra gli altri ospiti.*

Il mercenario (The Black Room), in onda l'11 dicembre 1973 (episodio 5 della seconda stagione, in onda il 3 maggio 1970) sceneggiatura di Moris Farhi – regia di Christopher Barry

> *Paul Temple riceve la visita di uno sconosciuto, che afferma di essere amico di un suo amico, e che poi senza apparenti ragioni lo colpisce alla testa, fuggendo subito dopo. Rintracciato l'aggressore, Paul scopre che l'uomo va soggetto a crisi di violenza di cui poi non ricorda nulla e che qualcuno gli ha fatto il lavaggio del cervello e lo sta usando per provocare una serie di attentati.*

Questi due episodi sono, per quanto ne so, gli ultimi in assoluto che la RAI abbia trasmesso. Non mi risulta nemmeno che vi siano mai state repliche, per cui mi sento di dire con ragionevole certezza che da quasi mezzo secolo (saranno cinquant'anni esatti alla fine del 2023) questa serie televisiva è assente dai nostri schermi. La domanda, come avrebbe detto qualcuno, sorge spontanea: perché?

È vero che le case produttrici (in questo caso la BBC) consentono i diritti di trasmissione solo per un determinato periodo di tempo, normalmente 5 anni, spesso con l'aggiunta di una sola replica, ma anche se è così come mai la RAI non è riuscita a trovare un momento in cinque anni per riproporre un telefilm che, pur senza essere un capolavoro, è stato comunque un buon successo, e con in più il nome di Durbridge, che all'epoca rappresentava comunque una garanzia per gli spettatori italiani (e la buona accoglienza che ebbero almeno gli episodi in prima serata lo testimonia), quando invece poi ha programmato per anni ed anni replicandole all'infinito serie non certo superiori in qualità. Probabilmente non esiste una vera risposta, e il tutto è stato solo frutto di casualità e di qualche scelta infelice da parte di dirigenti con una limitata apertura mentale, ma resta il fatto che di questo particolare capitolo della carriera di Francis Durbridge, gli spettatori italiani che non ebbero la possibilità di vederla allora, non potranno mai avere cognizionE all'estero? Per amore di onestà va detto che anche in Inghilterra, patria di Durbridge, di Temple e del telefilm, questa serie non ha apparentemente goduto di grande considerazione tra i vertici della BBC. Al termine della quarta stagione, per ragioni mai spiegate ufficialmente, e nonostante le insistenze della Taurus Film che avrebbe voluto continuare a produrla ma che da sola non poteva sostenere gli alti costi, la serie venne cancellata e chiusa negli archivi dell'emittente inglese. E tuttavia anche la conservazione dei nastri dovette subire parecchi problemi, dato che, come si apprende consultando la pagina inglese del telefilm su Wikipedia, dei 52 episodi risultano *missing* (cioè mancanti) tutti quelli della prima stagione, 12 su 13 della seconda, 6 della terza e 5 dell'ultima, per un totale di 36 episodi ormai perduti.

I 16 episodi superstiti possono essere reperiti in due cofanetti DVD editi dalla BBC, il primo del 2009 contenente 11 episodi a colori, e il secondo del 2013, con gli ultimi 5 episodi della quarta e ultima stagione, fortunosamente ritrovati negli archivi di un'emittente australiana ma solo in bianco e nero, perché nel periodo in cui furono trasmessi in quel paese non esisteva ancora la tv a colori.

In Germania invece, che come abbiamo già visto sembrerebbe quasi la patria d'adozione di Durbridge, nel 2016 sono stati recuperati dagli archivi della TV tedesca ZDF che li aveva mandati in onda, le intere seconda, terza e quarta stagione (la prima è rimasta inedita), 39 episodi in totale e tutti a colori, e dopo un'accurata opera di restauro, resi disponibili in cofanetti DVD, sfortunatamente però la maggioranza esclusivamente in lingua tedesca (la colonna sonora inglese è stata inclusa soltanto nei sedici episodi di cui sopra).

Non possiamo non notare che anche nella fin troppo parziale proposta degli episodi di Paul Temple nella nostra lingua, nove provengono dalla terza stagione, sette dalla seconda (calcolando come doppi gli episodi in due parti), e solo uno dalla quarta e ultima. Nessun episodio della prima stagione, che quindi appare ormai irrimediabilmente perduta.

Per concludere inserisco la lista completa delle quattro stagioni e di tutti i 52 episodi della serie tv *Paul Temple*, anche per rendere più chiaro il modo assolutamente casuale (e un po' confuso) con cui i pochi episodi trasmessi in Italia furono proposti e, a quanto mi consta, mai replicati.

La **prima stagione** della serie televisiva *Paul Temple* è stata trasmessa in <u>anteprima</u> nel <u>Regno Unito</u> dalla <u>BBC</u> tra il 23 novembre 1969 e il 15 febbraio 1970.

n°	Titolo originale	Titolo italiano	Prima TV UK	Prima TV Italia
1	*Who Dies Next*	inedito	23 novembre 1969	*
2	*Message from a Dead Man*	inedito	30 novembre 1969	*
3	*There Must Be a Mr. X*	inedito	7 dicembre 1969	*
4	*Missing Penny*	inedito	14 dicembre 1969	*
5	*The Man Who Wasn't There*	inedito	21 dicembre 1969	*
6	*Which One of Us Is Me?*	inedito	28 dicembre 1969	*
7	*Inside Information*	inedito	4 gennaio 1970	*
8	*Masked Lady*	inedito	11 gennaio 1970	*
9	*Swan Song for Colonel Harp*	inedito	18 gennaio 1970	*
10	*Mr Wallace Predicts*	inedito	25 gennaio 1970	*
11	*Letters from Robert*	inedito	1° febbraio 1970	*
12	*The Man from the Sea*	inedito	8 febbraio 1970	*
13	*The Victim*	inedito	15 febbraio 1970	*

La **seconda stagione** della serie televisiva *Paul Temple* èstata trasmessa in <u>anteprima</u> nel <u>Regno Unito</u> dalla <u>BBC</u> tra il 5 aprile 1970 e il 26 luglio 1970

184

n°	Titolo originale	Titolo italiano	Prima TV UK	Prima TV Italia
1	*Right Villain*	inedito	5 aprile 1970	*
2	*Kill or Cure*	*C'è coltura e coltura*	12 aprile 1970	26/11/72
3	*Games People Play*	inedito	19 aprile 1970	*
4	*The Artnappers*	inedito	26 aprile 1970	*
5	*The Black Room*	*Il mercenario*	3 maggio 1970	11/12/73
6	*Antique Death (Part 1)*	*Morte antica*	10 maggio 1970	17/11/73
7	*Antique Death (Part 2)*		17 maggio 1970	
8	*Double Vision*	*Un libro di valore*	24 maggio 1970	15/10/72
9	*Steal a Little Happiness*	inedito	28 giugno 1970	*
10	*The Suitcase*	inedito	5 luglio 1970	*
11	*Murder in Munich (1)*	*Una festa di mezza estate*	12 luglio 1970	8/9/1973
12	*Murder in Munich (2)*		19 luglio 1970	
13	*Re-take*	inedito	26 luglio 1970	*

La **terza stagione** della serie televisiva *Paul Temple* è stata trasmessa in <u>anteprima</u> nel <u>Regno Unito</u> dalla <u>BBC</u> tra il 10 gennaio 1971 e l'11 aprile 1971.

n°	Titolo originale	Titolo italiano	Prima TV UK	Prima TV Italia
1	*House of the Dead*	*La casa del delitto*	10 gennaio 1971	3/12/72
2	*Sea Burial*	*Funerale in mare*	17 gennaio 1971	22/10/72
3	*Night Train*	*Un pacchetto di diamanti*	24 gennaio 1971	7/8/73
4	*Corrida*	*Corrida*	7 febbraio 1971	12/11/72
5	*Death for Divers' Reasons*	inedito	2 febbraio 1971	*
6	*A Greek Tragedy*	inedito	21 febbraio 1971	*
7	*The Specialists*	*I professionisti*	28 febbraio 1971	19/11/72
8	*Has Anybody Here Seen Kelly?*	inedito	7 marzo 1971	*
9	*Requiem for a Don*	*Ultime parole su nastro*	14 marzo 1971	29/10/72
10	*Motel*	*Un certo signor Williams*	21 marzo 1971	14/8/73
11	*Cue Murder!*	*Il party del colpevole*	28 marzo 1971	4/12/73
12	*Death of Fasching*	*Carnevale a Monaco*	4 aprile 1971	21/8/83
13	*Catch Your Death*	inedito	11 aprile 1971	*

La **quarta stagione** della serie televisiva *Paul Temple* è stata trasmessa in anteprima nel Regno Unito dalla BBC tra il 9 giugno 1971 e il 1° settembre 1971.

n°	Titolo originale	Titolo italiano	Prima TV UK	Prima TV Italia
1	*Paper Chase*	inedito	9 giugno 1971	*
2	*Death Sentence*	inedito	16 giugno 1971	*
3	*Ricochet*	inedito	23 giugno 1971	*
4	*With Friends Like You, Who Needs Enemies?*	inedito	30 giugno 1971	*
5	*Party Piece*	inedito	7 luglio 1971	*
6	*The Quick and the Dead*	inedito	14 luglio 1971	*
7	*The Man Who Forged Real Money*	inedito	21 luglio 1971	*
8	*A Family Affair*	inedito	28 luglio 1971	*
9	*The Guilty Must Die*	inedito	4 agosto 1971	*
10	*Game, Set and Match*	inedito	11 agosto 1971	*
11	*Long Ride to Red Gap*	inedito	18 agosto 1971	*
12	*Winner Take All*	*Cavalli per l'Irlanda*	25 agosto 1971	5/11/1972
13	*Critics Yes! But This Is Ridiculous!*	inedito	1° settembre 1971	*

Ed eccovi il mio indirizzo email se vorrete contattarmi per ulteriori informazioni (o anche solo per discutere su Durbridge e il giallo alla RAI) antonioscaglioni@yahoo.it

Invece il completissimo sito dedicato al poliziesco e a Durbridge in particolare (in lingua tedesca) dell'amico Georg Pagitz lo potete trovare qui:

http://www.tv-krimis.info

Infine per consultazioni ed eventuali richieste di materiale RAI (sempre e soltanto a scopo di studio) potete contattare il seguente indirizzo e-mail service@rai.it

186